東京・原宿のセコム本社

セコムのビートエンジニア（緊急対処員）

セコム・コンロトールセンター

セキュリティ／国際

セコムドローン

セコム飛行船　©東京マラソン財団

セコム・マイドクターウォッチ

台湾の中興保全股份有限公司

英国セコムPLCのコントロールセンター

防災

プラント防災システム（能美防災・ニッタン）

空港・船舶防災システム（能美防災・ニッタン）

メディカル

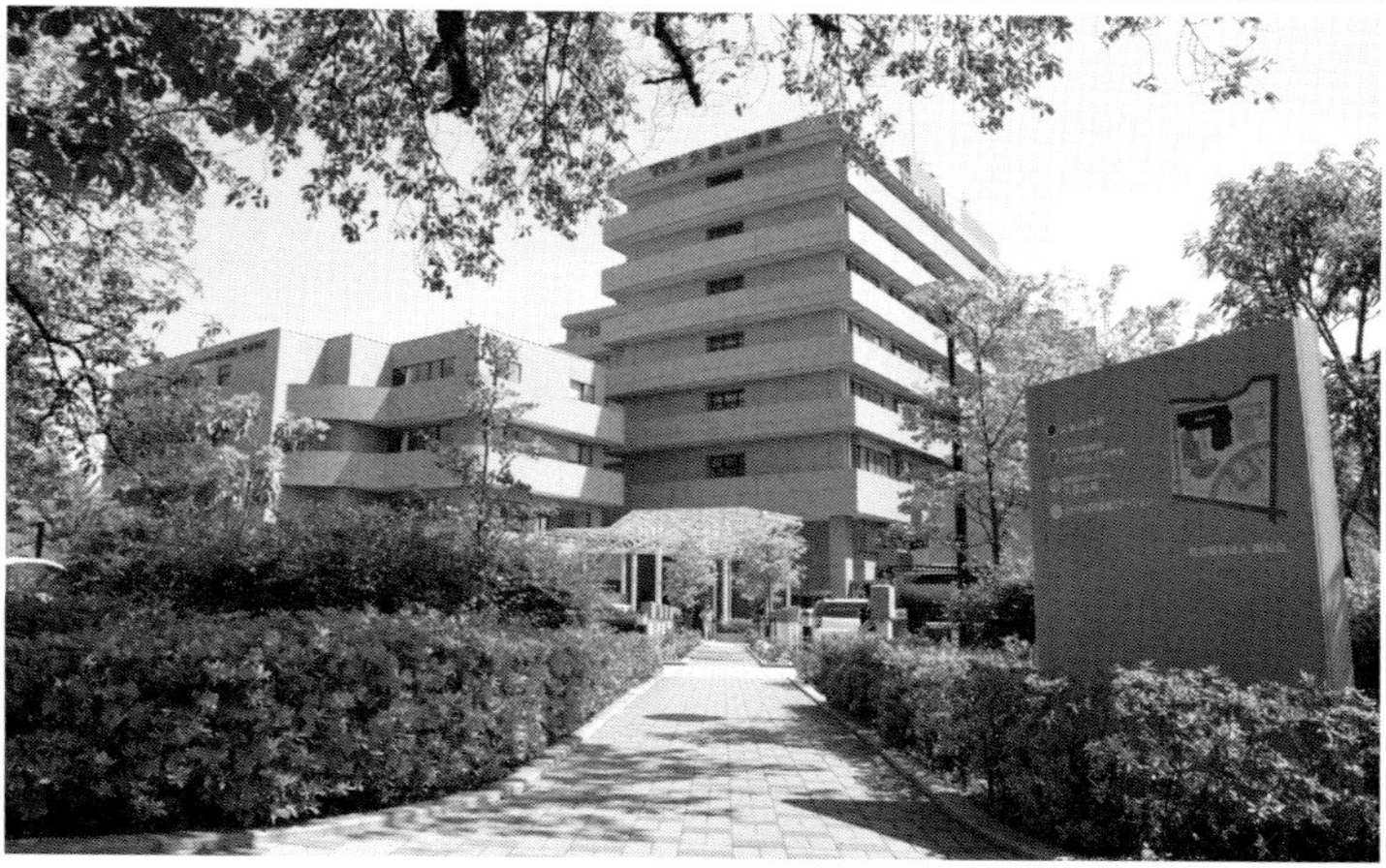

久我山病院

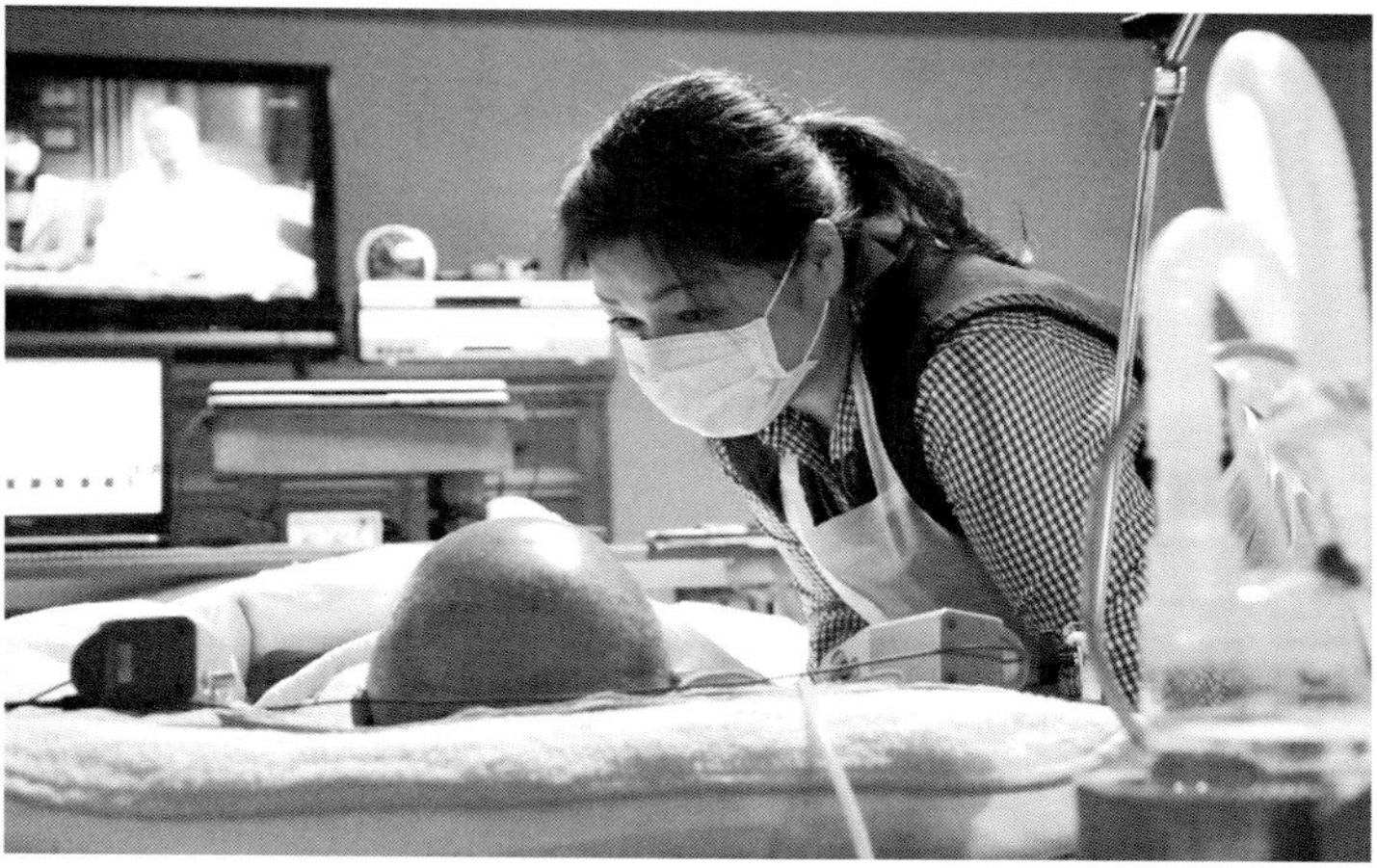

訪問看護サービス

保険／地理情報サービス

セコム安心マイカー保険の現場急行サービス

高解像度光学衛星「Pléiades（プレアデス）」　©CNES

情報通信／不動産・その他

セキュアデータセンター

グローリオ越谷ステーションタワー

セコム子ども安全教室

セコムラグビー部

リーディング・カンパニー・シリーズ

セコム

長田貴仁／宮本惇夫／久野康成

出版文化社

第1章　トップが語るセコムグループ　代表取締役社長　中山 泰男

第2章　セコムグループと業界の歴史

c o n t e n t s

目次

contents

目次

本文組版／小堀由美子（アトリエゼロ）

chapter 1

第1章

トップが語るセコムグループ

2017年7月7日が創立55周年のセコム。日本初のオンライン・セキュリティシステムを開始したIoTの先駆けでもある。2016年5月、社長に就任した中山泰男氏は、このVUCA（ブーカ：変動・不確実・複雑・曖昧）時代に、成長を続けるセコムの原点であるベンチャースピリッツにあふれた「セコムらしさ」を磨き、さらなる成長を実現できるか。グループの現状から東京2020オリンピック・パラリンピック警備への意気込み、そして新ビジョン「セコムグループ2030年ビジョン」を土台にした未来の姿までセコムのすべてを語ってもらった。

インタビュアー・構成
岡山商科大学教授（経営学部長）
神戸大学経済経営研究所リサーチフェロー
長田 貴仁

安心は社会や環境の変化で変わるものですが、社内で自由闊達に議論をして「時代の先を行くサービスを提供し、変化を起こす側に回ろう」と鼓舞しています。変わりゆく社会に、変わらぬ安心をご提供する「あんしんプラットフォーム」を構築していきます。

代表取締役社長

中山（なかやま） 泰男（やすお）

イノベーションを愛する自由闊達な大阪人

私は一九五二（昭和二七）年一一月一日、大阪府東大阪市（旧枚岡市）の瓢箪山で生まれました。花園ラグビー場の近くです。小学校までそこで過ごし、中学校から千里ニュータウンへ引っ越し高校までいました。大学への進学を機に東京に住むことになりました。

父は、中小企業の経営者。家で仕事の話はしなかったのですが、しょっちゅう口にしていた言葉は、「中小企業の経営者というのは大変や。継ぐな」でした。私は立派な教えを父から学んだわけではないのですが、大阪人らしく「おいしいもの好き」（グルメ）を譲り受けました（笑）。今でも、三〇〇、四〇〇グラムぐらいのステーキを軽く食べます。よく食べ、良く仕事をして、元気、という父の背中を見て育ったのでしょうか。その意味では、父に感謝しています。一方、母は非常に厳格な人でした。「曲がったことをするな」と繰り返し言われました。例えば、電車の席についても母は絶対に座らず、席を必要としている人に譲りました。私が今もそうしているのは母の教えによるところが大なのです。

食べるのが最大の楽しみになってしまい、縄手北小学校に通っていた頃は太っていました。でも、野球少年としてサード、四番で活躍しました。実は、今も変わりませんが、大の長嶋ファンでした。長嶋茂雄さん（読売ジャイアンツ終身名誉監督）をイメージキャラクターにしているセコムの社長を務めることになったのも何かのご縁でしょう。

論理的話法の師匠は小学校の恩師

私は人と話をするのが大好きなのですが、そのきっかけを作ってくれたのが、小学校三、四年生の担任だった大和田シズ子先生です。「中山さんは、物事を論理的に理解し話す能力があります。その能力をより高めてあげたい」と言われ、数人の同級生とともに「何かテーマを決めて調べ、発表するように」と指導されたのです。その指導を実行していくうちに、人にきっちりと説明する能力が鍛えられました。卒業後も何かと気にかけていただき、大和田先生には大変感謝しています。

その後、千里ニュータウンに引っ越したので近隣の中学へ。サッカーや剣道に励み、ずいぶんスマートになりました。そして、大阪府立北野高校へ進学。この高校の校風は、とても自由でした。高校二年生のときに、今は弁護士として活躍している友人とコンビを組み、文化祭で漫才を披露しました。これは大変受けました（笑）。

今、セコムで推進しているイノベーションには自由闊達な組織文化が求められます。このことを高校時代に学びました。

高校卒業後は東京大学に入学し、教養課程を経て法学部を選びました。教養の頃に出会った友人たちとの交流が人生の大きな糧になっています。新宿に「王城」という喫茶店がありました。マージャンを終えた後、夜一一時ぐらいに行って、例えば、「コップはなぜコップなのか」といった本質を問う議論を明け方まで続けていました。ここで学んだ物の本質を突き詰めることが大事で、裏側にあるものを常に考えなくてはならない、という論理的思考法が、その後の仕事に生きています。

一九七六（昭和五一）年、法学部を卒業後は第一希望だった日本銀行に入行します。ある特定の業界とかかわる行政の中央官庁の役人よりも、日本経済全体を考える日銀のほうに、私は魅力を感じたのです。それから、法学部の学生でしたが数学が好きでしたので、経済学の講義を受け、金融政策に興味を持つようになったのも日銀を選んだ理由の一つです。

その後日銀では、企画局政策広報課長、営業局金融課長、金融市場局金融市場課長、大分支店長、政策委員会室審議役（広報総括担当）、政策委員会室審議役

（国会・広報総括担当）、名古屋支店長、政策委員会室長、総務人事局を経て、二〇〇七（平成一九）年五月にセコムへ。顧問、常務取締役を経て、二〇一六（平成二八）年五月に代表取締役社長に就任しました。

日銀に入行したときは、まさか、民間企業へ転職するとは考えてもいませんでした。ところが、私の心境に変化が。企画局政策広報課長を務めていたとき、三重野康総裁（当時）と少なくとも週三回、多いときは毎日、報告、打ち合わせなどでお話をする機会があり、密な関係になっていました。

日銀からセコムへ転じた事情

名古屋支店長に転じてから以降も、三重野さんとのお付き合いが続きました。話しやすくなった雰囲気も手伝い、「日本銀行もいいのですが、もし可能であれば、民間企業で、自分の力を存分に発揮して、日本経済を活性化したい」と、三重野さんに相談すると「セコムはどうだい。チャレンジしてみるかい。価値はあると思うよ」とおっしゃったので、私はそのご提案を快諾したのでした。

実は、三重野さんとセコム創業者の飯田（亮）は、ご友人として懇意な間柄で、お互いに尊敬し合っておられました。そのようなお二人のご縁もさることながら、セコムと日銀というのは共通点があります。どちらも社会からの信頼をベースに置いている点です。信頼がなければ、お客様の鍵を預けてもらえませんからね。

「社会貢献欲求」に応える

私自身、ワクワクした気持ちでセコムに入社しました。私は今、社員がワクワクする会社、自己実現ができ、沸騰する会社にしたいと考えています。これが、私が提唱している「社員満足を原点とする全員経営」です。社員がワクワクすれば（社員満足）、品質・サービスが向上する。その結果、お客様から「いい仕事をしているね」と言われる（顧客満足・感動）。その良い評判が広まれば、社会からの信頼を得られ、これがさらなる社員満足へとつながっていきます。このような「正の循環」があって初めて持続的成長が可能になるのです。

心理学者のアブラハム・マズローは、「欲求五段階説」で、ベースに生理的欲求、その上位に安全の欲求、社会的欲求、承認（尊厳）欲求と続き、最上位には自己実現欲求がある、と指摘しています（マズローは晩年、自己実現欲求の上の階層として使命感に燃えて大切な仕事に貢献する「自己超越」があると発表した）。加えて、当社五〇周年時に出版された『セコム　その経営の真髄』（長田貴仁著）で書かれている「社会貢献欲求」がセコムの社員は強いと認識しております。これは「自己超越」に等しい高度な人間の欲求（モチベーション）だと理解しています。

この「正の循環」は、最近、ビジネスでも注目されるようになった「レジリエンス（resilience）」（ビジネスでは、危機や環境変化を乗り越えて成長できる力、強靭さ、復元力、強い心）を高める上で、重要な役割を果たします。セコムは自社組織のレジリエンスを高めることにより、「顧客満足・感動」、「社会からの信頼」を得ながら、セコムの安全・安心を広めることで社会のレジリエンスも高めようとしています。

社内に放った「三本の矢」

レジリエンスを高める「正の循環」を推進するために打ち放ったのが「三本の矢」です。第一の矢は、社員満足度向上を図るための社員満足度調査を実施し、その結果に基づき、迅速かつ弾力的にセコム版働き方改革を実現します。第二の矢は、人手不足に応えるため、社員の生産性を高める一方、採用条件・体制を見直します。そして、女性社員が活躍できる場を広めます。第三の矢は、「フィールド（現場）の知恵袋化」です。これは、情報の宝庫のフィールドからお客様のニーズを探り出し、新サービスにつなげる取り組みです。この活動を強化するため、フィールドと本社部門の交流を促進します。

「フィールドの知恵袋化」を推進しても、それをクローズドな蛸壺組織に閉じ込めた部分最適になっていては論外です。本社が本部へ、本部が統轄支社へ、統轄支社が支社、営業所へ指示しているような閉鎖的な上意下達型コミュニケーションでは新サービスを実現できません。「隣の人（部署）は何をする人（部署）ぞ」という部分最適な意識では、組織も人もガラパゴス化してしまうので全体最適を当たり前にしていきます。

飛び交う言葉を変える作戦

そこで、まずは、役員、上司、部下も皆、パートナーという意識を持つことです。そうすれば、部署を越えて上意下達・下位上達の双方向型コミュニケーションによる自由闊達な議論が行われるようになります。社会問題自体が、一つの視点から見ていては解決できないほど複雑化しています。つまり、「社会を見る」ために幅広い知識が求められているわけです。今、このようなオープンな組織づくりを目指した人事異動を実施しています。

オープンな組織文化を実現するためには、飛び交う言葉を変える必要があると考え、一躍有名になったピコ太郎さんではありませんが、二〇一七（平成二九）年一月から「ＰＰＡＰ作戦」を展開しています。Positive（後ろ向きではなく、前向きになる表現へ）、Passionate（数字だけではなく、実現したい想いを込めた表現へ）、Approval（批判ばかりではなく、互いに承認しよう）、Partner（部下・取引先・同僚、お客様を駒・攻略相手と考えず、パートナーとして適切な表現で話そう）のそれぞれの頭文字を取った行動指針です。

お客様の声より先回りせよ

こうしたオープンな組織文化が定着すると、イノベーションが生まれます。経済学者のシュンペーターが「イノベーションの第一歩は、新しいアイデア・知を生み出すこと。その根本原理の一つは、既知物と別の既知物の、新しい組み合わせにある」と述べています。いわゆる「新結合」により、イノベーションをものにすることができるのです。「ペン」と「アップル」の組み合わせも新結合ですね（笑）。

わかりやすく申しますと、お客様が「まだ見ぬ安心」、言い換えれば、お客様がまだ気づいていない、あればいいと思っていても具現化できていない、まったく新しい商品・サービスを事業化できる会社にしたいと考えています。

先ほど、大学時代に学んだこととして、本質を考える重要性に言及しましたが、セコムの本質はサービスそのものです。技術から入るのではなく、お客様が「何を求めているか」に着目しているのです。お客様の潜在的な思いを探り、それを先回りしてわれわれのほうからサービスを提供することがすごく大事だと思っています。

セコムが誕生した頃は、「水と安全はタダ」と言われ、民間企業に警備を委託することなど誰も考えていませんでした。あればいいのに、と思う人はいたのでしょうが、「ガードマン」という言葉さえありませんでした。その後、セコムの成長の原動力となる機械警備も然りです。これは、「まだ見ぬ安心」をご提供した事例です。これこそが、セコムのイノベーションなのです。

情報発信しなければ宝の持ち腐れ

イノベーションは大切ですが、それだけで〝SECOM〟のブランド力が盤石になるとは思っていません。ブランド力というのは、「商品・サービスのブランド力」＋「企業としてのブランド力」であると考えています。両方について情報発信し、ブランド力を高めていくのは本社の役割です。情報発信の具体例を三つ紹介します。

まず、二〇一六年八月に、本社がある東京都渋谷区と「シブヤ・ソーシャル・アクション・パートナー協定」を締結したのもこの一環です。安全や防災、超高齢社会などの社会課題を解決し、暮らす人、働く人などあらゆる人に渋谷区がより魅力ある街になるよう、セコムが協力するという内容です。

もう一つは、二〇一六年八月から始めた消防団への協力です。近年、地域防災の担い手として重要な役割を果たしている消防団の加入団員が減少し、かつ高齢化していることが大きな社会問題になっています。そこで、セコムの本社だけでなく事業所単位で社員の入団・活動を支援しています。

加えて、二〇一六年九月からは、大地震被災地・熊本県七自治体の仮設住宅(集会所など)に、計二五台のＡＥＤ(自動体外式除細動器)を順次設置しました。これらの社会的貢献活動を世の中に発信することで、ブランド力も高まっていきます。実は、セコムはＡＥＤの第一人者なのです。国内に五〇万台ぐらいあるうちの約一〇万台をセコムが提供しています。そして、年間約二〇〇件以上もの救命事例があります。

コーポレートガバナンス改革とCSRの徹底

最近は、当社からいわゆる非財務情報についても適切に発信するようになりましたが、私がセコムに来た一〇年前は、今やビジネス社会では当たり前になっているコーポレートガバナンス（企業統治）改革とCSR（企業の社会的責任）に関しては、積極的な発信がなされていませんでした。

セコムは大きく社会に役立つ事業をしているというのに、それらについて、CSRと結び付けてはあまり語らずというところがありました。黙っていても、世の中の人はわかってくれるはずだという雰囲気があったのです。ですから、大々的に広報・宣伝するようなこともありませんでした。もっと情報発信が必要だと思い、チームを作り社会・環境推進プロジェクトを始め、CSR報告書も出すようにしました。徐々にその成果が出てきています。

セコムのミッション（社会的使命）とビジョン（将来像）は明確です。前者は「あらゆる不安のない社会の実現」で、後者は「社会システム産業の構築」です。それらを実践するためのバリュー（価値観）は「セコムらしさ」としてセコムの社員一人ひとりに行動規範として根づいています。

方向感は非常に明確ですが、それをいま一度思い出しながら、企業が追求する経済的価値（利益）と社会的価値を同時に実現するCSV（共通価値の創造）というマイケル・ポーターの概念を用いて、「社業を通じて社会に貢献する」という経営理念を透徹しようとしています。

CSVを支える七つの戦略

CSVを支える戦略は七つあります。①ALL SECOM戦略 ②オープンイノベーション ③AI（人工知能）、IoT（モノのインターネット）、ロボット、ビッグデータなどの新技術活用 ④イノベーション人材の育成 ⑤自己変革力を高めるオープンな組織づくり ⑥海外戦略 ⑦ステークホルダーとの対話強化——です。

政府は、超スマート社会の「ソサエティ五・〇」を想定しています。不確実な時代でもありますが、「まだ見ぬ安心」のヒントがあふれている時代です。この潮流に乗るため私は、「IoTやAIの技術進歩をよく勉強し、味方につけよう」、「時代の先を行くサービスを提供して、変化を起こす側に回ろう」と社員に呼び掛けています。七つの戦略をフルに活用して、社員一丸となってCSVを実現していきます。

「セコム・マイドクターウォッチ」の意義

では、命・健康、財産、情報を守り、「安全・安心、快適・便利」を実現するためには、具体的にどのようにすればよいのでしょうか。現実を見渡すと、事件・事故、サイバー犯罪、自然災害、病気・老化など、起きてほしくないことはたくさんあります。また、それらは、ときに複合的にやってきます。

そこで平時は「事前の備え」を怠らず、コトが起きた際はより早く「事態の把握」をし、的確に対処し「被害の最小化」に努めなくてはなりません。そして、平時に戻れば、「事後の復旧」を迅速に行わなくてはなりません。これらの安心を感じるためのフローを包括的にカバーすることが「変わらぬ安心」につながります。こういった一連のプロセスを、孤立した点のサービスではなく、点を線に、線を面に広げ、切れ目のないシステムとして、一人ひとりに寄り添った安全・安心を届けられるのはセコムならではの競争力です。

「事前の備え」と「コトが起きた際の対応」を切れ目なくつないだ典型的な例としては、二〇一七（平成二九）年に開始した、リストバンド型のウェアラブル端末「セコム・マイドクターウォッチ」があります。この端末を着ければ日常の健康管理のほか、急に意識を失いドタッと倒れ、自分で救急通報ボタンを押すいとまもないときでも、自動でセコムに通報が届き、適切な救急対応がなされます。

「VUCAの時代」に不可欠なイノベーション

当社がこのような強い競争力を持つようになった背景には二つの要因があります。一つは、無から有を生んだこと。「まだ見ぬ安心」に応え、ビジネスにならないと思われていたセキュリティを一大産業に育てたこと。もう一つは、全国に四七のコントロールセンターと約二八〇〇の緊急発進拠点を持つセキュリティネットワークを安全・安心の基盤にして、その上に情報通信、医療、防災などを載せて安全・安心を統合化・融合化したことです。いずれも、創業者の飯田が考案、実践したイノベーションです。これらのノウハウが蓄積され、磨かれたサービスを提供できるプロフェッショナルな人材が揃っている企業は、おそらくセコムを置いてほかにないでしょう。

とはいえ、セキュリティ、医療・介護などの分野へ、電機大手など他業種からも多くの企業が進出してきています。これらの企業に比べて、セコムが競争優位にあると自信を持っています。競争に勝つには、差別化し戦わずして勝つのが一番よい。お客様が求める商品・サービスは際限なく広がっておりますので、他社を脅威として捉えるのではなく、世の中を良くしたいという共通の想いがある企業とは一緒になってやっていこうと考えています。つまり、ウィン・ウィンの関係を結ぶオープンイノベーションの実践です。一番重要なのは、AI、IoTなどの最新のテクノロジーも活用して安全・安心の基盤を強固なものとし、既存の競争力をベースにしていくつもの新種の花を咲かせようと思っています。

先ほどから、イノベーションを繰り返して強調しているのは、ここ一、二年の間に、VUCA［ブーカ＝Volatility（変動）、Uncertainty（不確実性）、Complexity（複雑性）、Ambiguity（曖昧さ）］が非常に注目される時代に入ったからです。このような時代における潜在的ニーズを早く探り出し、先回りして提供していくようなイノベーション組織、イノベーション人材が必要です。

次世代の経営者に求められる資質

さらに、最も重要なテーマは、次世代をリードする経営者人材の育成です。この点については、あくまでも腹案であるという前提でお話しします。

まずは、創業者の飯田と、戸田壽一（故人）がつくった確固たるセコムの理念をしっかりと理解し体現し、それを踏まえて経営できることです。つまり、現状打破と否定の精神というイノベーション的発想を持ち、それを実現できる強い意志と意欲、突破力、実践力を備えていることです。経営人材というのは、リスクも取って打って出なくてはならないので、これらの資質は不可欠です。

そこで、このような経営者人材を育てる計画を用意しなくてはなりません。それには、二つアプローチがあると思っています。一つは、早い段階で経営の中枢部署に配属し、経営者の傍らで働きながら、部分最適ではなく全体最適の感覚と思考を修得させることです。セコムは事業領域が広いですから、そうして育てた人材を関係会社の部長クラス、場合によっては役員に据え、修羅場を経験してもらうのもいいと思っています。もう一つのルートは、大器晩成型人材の発掘です。例えば、入社後、五年、一〇年経っても力量がわからない。ところが、その後、いろいろな経験を経て、四五歳、五〇歳と歳を取ってから、非常に優れた人材であることがわかるという場合もあります。彼らに欠けているのは、トップの立場に立って考える機会、あるいは、新事業を苦労して立ち上げた経験です。そこで、彼らを関係会社のトップに持っていき、全責任を負わせて仕事をさせる。そこをうまく経営できれば、セコムグループ全体を担う人材になり得ることでしょう。

「IoTの先駆者」が大切にする人間的魅力

とかく、経営者人材育成ということで、近年、合理的な側面ばかりが注視され、見逃しがちになっているのが人間的魅力です。特にそれが表れる言葉の力は重要な資質だと思っています。

飯田は、言葉を選ぶ才能に長けています。例えば、どういう会社にしたいかを問われ、「セコムを艶っぽい会社にしたい」と表現しています（長田貴仁のインタビューで）。私は語りの達人だと思います。そう感じた例はいくつもあります。CSRという言葉を使わず、「社会と恋愛できる会社にしたいね」と表現しているのも好例です。

私が直接聞いた言葉としては、二〇一一（平成二三）年三月一一日に「東日本大震災」が起きたすぐ後の株主総会で、震災の影響について問われたとき、「二ページくらい歴史がめくられたような実感を持っている」という表現がありました。私にはこの一言が心に刻まれています。まさに時代の節目を捉えた含蓄深い言葉だと感じ入りました。

経営者人材育成には、話し方やユーモアといった「人間的艶っぽさ」も条件の一つにしなくてはならないでしょう。そういった資質を育む教育も取り入れるべきですね。特にこれからは、IoT、AIが台頭してきます。当社は、今のようにIoTが注目されるよりもずっと以前の一九六六（昭和四一）年から日本初のオンライン機械警備「SPアラーム」を使った警備を行っており、今では、セコムは「IoTの先駆者」と見られています。しかし、リーダー、経営者人材の育成は機械化できません。人間的な魅力が備わっているか否かが重要なカギになると強く思いますね。

「東京二〇二〇オリンピック・パラリンピック」で恩返し

二〇二〇年に開かれる第三二回オリンピック競技大会（二〇二〇／東京）および東京二〇二〇パラリンピック競技大会（以下、東京二〇二〇オリンピック・パラリンピックに略）は、セコムにとって特別な意味があります。飯田に代わって説明しますと、一九六二（昭和三七）年にたった二人で創業し、新たに二人を採用しスタートしましたが、最初は鳴かず飛ばずの状態だったようです。ところが、創業した翌年の一九六三（昭和三八）年の冬、東京オリンピックの組織委員会から、「代々木の警備をやってみないか」と声がかかったわけです。

代々木には、「ワシントンハイツ」という約四〇〇世帯が住む米軍人宿舎がありました。そこを撤去して、選手村を作ることになり、整備の段階からセコムは警備にかかわることになったのです。

ざっと見渡しただけでも、かなり多くの警備員が必要です。ところが、オリンピックの開催期間は短い。たくさん警備員を採用して、オリンピックが終わった後はどうするのかと悩みました。あまりにも大きなリスクを考えると、なかなか決断できません。ところが、飯田は、社会に役立ちたい、期待されているのだから応えなくてはならない、という思いが強かったのでしょう。直ちにお引き受けすると決断したのでした。

しかし、引き受けたものの苦労も多かったと聞いています。残っていたワシントンハイツには、多くの不法侵入者が住み着き、その他、いろいろな人が勝手に出入りしていました。広域の安全を保つため、自転車を活用しながら警備をしました。決して楽な仕事ではありませんでした。それでも、隅々まで丁寧に警備したことで、開会式から閉会式まで、選手村の警備を見事に終えたのでした。

そういう苦労もあったことが認められて、オリンピック組織委員会から表彰状をいただきました。このことにより、セコムが世の中で初めて認知され、その後の急成長につながりました。一九六四（昭和三九）年の東京オリンピック（第一八回）でセコムが飛躍する礎を作ったので、当社では東京二〇二〇オリンピック・パラリンピックで恩返ししたいという思いが非常に強いのです。

当社は日本初の警備会社として一九六二（昭和三七）年に産声を上げました。「水と安全はタダ」と思われていた日本で、東京オリンピックは警備業が世の中に認知されるきっかけとなり、ビジネスで成り立つということを証明してくれたのです。

「立体セキュリティ」の威力

当時は、セコムが抱える一〇〇名以上の警備員で東京オリンピックを警備したわけですが、現在では、約九三〇〇社の警備会社があり、警備員の数は五四万人弱まで増えました。東京二〇二〇オリンピック・パラリンピックでは警備産業の全力を糾合して、まさにオールジャパンで対応していきます。もちろんセコムが、その先頭に立つことはいうまでもありません。そこで今、新しい時代に即した形の安全・安心に寄与していこうと、社内で皆を鼓舞しているところです。

東京二〇二〇オリンピック・パラリンピックだけでなく、それまでに、大規模なスポーツ大会や国際会議が多数開催される予定です。そこでは、テロ、サイバー攻撃などいろいろなリスクが想定されます。その備えとして、入念な警備計画の立案、厳重な警備が求められます。

二〇一六年五月に開かれた「G7伊勢志摩サミット」では、厳重警戒のため、セコムの最新セキュリティサービスである「セコム飛行船」を国際会議では初めて導入し、上空からの画像情報を提供しました。

今、特に力を入れて取り組んでいるのが、箱根駅伝や東京マラソンなどのイベント警備です。二〇一七（平成二九）年二月で警備を請け負って三年目を迎えた東京マラソンでは、毎年、警備体制を改良しています。その前年にはセコム飛行船を使い、二〇一七年はゴール地点が皇居付近のビル街でスペースの制限があるため、サイズの小さいものにしようということで、「セコム気球」を飛ばしました。上空から得る空間情報を活用し、広い範囲を立体的に隙なく見守る警備を「立体セキュリティ」と呼んでいます。

これまでの警備計画は、地図や見取り図など平面図をベースに立案されるのが一般的でした。これではイベントが開催される会場空間全体を俯瞰（ふかん）し、立体的な状況は想像に任せるしかありませんでした。この「立体セキュリティ」による3Dセキュリティプランニングを活用すれば、より正確な警備が可能になります。セコムグループでは、人工衛星、飛行機、ヘリコプター、飛行船、気球、ドローンを活用でき、高度五〇〇キロメートルから地上まで、さまざまな高度からの画像情報により警備対象や周囲の状況を把握することができます。

また最近では、ドローンの侵入も危惧されますので、ドローン検知システムを用意しています。首相官邸にドローンが落ちたのは記憶に新しいですが、画像技術やセンシング技術を使った複数の検知方法で侵入したドローンを迅速かつ正確に察知するものです。それから、地上では、固定カメラ、仮設カメラのほか、警備員が装着するウェアラブルカメラも大幅に増やしました。

画像認識技術をはじめとするＡＩも活用し、これらの画像情報を把握、分析できる画像監視センターを作り運用しています。いろいろな情報がリアルタイムで入るので、単に不審物、不審者を見つけるだけではなく、人の混雑の度合いも判断できるのです。そして、混雑状態でも万が一の事態が起きた際には、人々を迅速に避難誘導できるようにしてあります。

二〇一七年の東京マラソンは成功裏に終わりましたが、このようなビッグ・イベントを通じて、東京二〇二〇オリンピック・パラリンピックに向けて、あるいはさらにその先を見据えて、さまざまな警備ノウハウ・技術を生かして安全性の向上に挑んでいます。また、達成感と同時に、将来に向けてのさらなる意気込みを社員に植え付けるという意味で、大変いい機会になっています。ともかく、東京二〇二〇オリンピック・パラリンピックまでに万全の備えを完成します。

二〇三〇年ビジョン「あんしんプラットフォーム」の全貌

そのためにも、当社の舵取りとして進めていきたいのは、社員満足を原点とする全員経営でしなやかで強い持続的成長を目指すことです。先の読めない不確実な時代だからこそ、より一層重要性を増してくる経営理念、つまり、あらゆる不安のない社会の実現という「ミッション」、社会システム産業の構築という「ビジョン」、セコムらしさという「バリュー」がセコムの競争力の源です。これらをブレない軸として、社員満足のもと、一人ひとりがモチベーション高く、社会にとって、よりよいサービスを創りたいという「セコムの想い」を原動力とし、自己実現に能動的に挑戦するからこそ、ALL SECOMや共創によるさらなるイノベーションが生まれます。そして、これにより質の高いサービス、お客様の期待を超える価値をお届けすることができ、社会からの信頼が高まると考えています。これからも変わりゆく社会に、変わらぬ安心を届けていくために、われわれセコムは変わり続けていきます。

今日、国連がＳＤＧｓ（Sustainable Development Goals＝持続可能な開発目標）を掲げ、企業もそのなかで、それぞれの役割を果たそうという動きが顕著です。企業の長期的な成長のために必要とされている環境（Environment）、社会（Social）、ガバナンス（Governance）の頭文字を取ったＥＳＧも注目されるようになってきました。

セコムも同様のことを実現しようとしていますが、こうした時代の潮流に乗るだけではなく、変化を起こす側に回りたいと考えています。

そこで「セコムグループ二〇三〇年ビジョン」を策定し、二〇一七年五月一一日に発表しました。セコムグループは一九八九（平成元）年以来、「社会システム産業」の構築という壮大なビジョンを掲げており、それはこれからも不変ですが、今、外部環境が大きく変化して不確実性を増しているので、中長期的なターゲットとして、二〇二〇年の東京オリンピック・パラリンピックが終わった一〇年後の二〇三〇年を目指し、具体的な展望を示してセコムグループの方向性をより明確にしました。

この新しいビジョンの骨子は、これまでセコムが培ってきた社会とのつながりをベースに、セコムと想いを共にするパートナーが参加して、さまざまな技術や知識を持ち寄り、セコムとともに暮らしや社会に安心を提供する社会インフラである「あんしんプラットフォーム」を作り上げようという構想です。セコムはこの「あんしんプラットフォーム」構想の実現を通じて、「変わりゆく社会に、変わらぬ安心」を提供していきたいということです。安心というのは社会の環境の変化で変わるものですが、ある環境下では安心はこの程度でよかったけれど、大きな変化が起きて脅威が深まったときには安心のレベルがもっと上がらなければ本当の安心感は実感できません。だから変わりゆく社会に変わらない安心をということが非常に大事なのです。特にこの安心の在り方をわかりやすく次の三つにまとめています。

一つ目は、いつでもどこでも安心、つまり時間や空間にとらわれないサービスを提供することです。これは二四時間三六五日、全国で安全・安心を提供してきたセコムにとって最もセコムらしいところで、今後も継続していきます。二つ目は、一人ひとりのお客様に寄り添った最適なサービスの提供です。また人によって安心の感じ方が違うので、個々が求めるきめ細やかな安心を提供しなければいけません。これはマスカスタマイゼーションと呼ばれています。マス（多数集団）でありながら、個々の顧客の潜在ニーズに先回りして、個々に寄り添った最適なサービスを提供するものであり、その流れはＡＩやＩｏＴによりますます加速しています。

そして三つ目は、安心にフォーカスした切れ目のないサービスの提供です。具体的には、現実世界・サイバーを問わない事件・事故、自然災害、病気・老化などの生活のなかにあるさまざまなリスクに対する事前の備えから、有事の際の事態の把握、被害の最小化、そして事後の復旧によって早く日常に戻れるサポートをする。こうした一気通貫の切れ目のないサービス提供を「セコムのあんしんフロー」と呼んでいますが、これもセコムならではのサービスだと自負しています。こうした安心を提供するために、「あんしんプラットフォーム」がセコムグループの基盤として不可欠であり、さらに大きく永続的に成長する原動力となって、社会とのつながりの量と質を飛躍的に強化していきます。

お陰様で、セコムは二〇一七年七月に、創立五五周年を迎え、これからもベンチャースピリットを発揮し続けます。長嶋ファンだから言うわけではありませんが、安全・安心・快適・便利な社会を実現する、という「セコムの想いは永久に不滅です」。

chapter 2

第2章

セコムグループと業界の歴史

日本初の警備会社・日本警備保障（セコムの前身）を設立した飯田亮氏と戸田壽一氏。人による警備に始まり、オンライン・セキュリティシステムに舵を切って飛躍したセコムの歴史は、日本のセキュリティ業界の歩みそのものといえよう。創業の経緯や苦労、そして新しい警備技術を次々と繰り出している現在まで、リーディング・カンパニー・セコムの55年間の進化の足跡をたどった。

ジャーナリスト
宮本 惇夫

安全はお金で買える

一九六二（昭和三七）年七月七日、わが国初の警備保障会社、日本警備保障株式会社（現セコム株式会社）が、東京・芝公園に誕生した。創業者は飯田亮氏（現取締役最高顧問）と戸田壽一氏（故人）の二名。二人は一九六一（昭和三六）年の冬、欧州帰りの知人から「欧州には警備を業務とする会社がある」という話を聞いた。飯田氏はまだ日本にはない事業で、「いずれ安全がお金で買える時代が来る」と、確信し三〇分で創業を決めたという。

1967 年頃の戸田壽一氏（左）と飯田亮氏（右）

警備の仕事は、飯田氏と戸田氏が起業するに当たって求めていた、①努力すれば大きくなれる仕事 ②誰もやっていない仕事 ③人から後ろ指をさされない仕事 ④大義名分の立つ仕事 ⑤前金の取れる仕事——の独立五カ条の条件すべてを満たしていた。

資本金は自己資金と信用金庫から借りた四〇〇万円。社名は「日本警備保障」とした。〝保障〟という二文字には安全保障の〝保障〟と〝補償〟に意味を込めた。社章である「フクロウ」と「カギ」には、「知」の象徴であり、夜行性の鳥である「フクロウ」と、警備の象徴である「カギ」を組み合わせ、上部にはラテン語で〝VIGILAMUS DUM DORMITIS（万人眠れるとき、われら警備す）〟という言葉を配した。現在、社章は「SECOM」になったが、「フクロウ」と「カギ」のマークは、今でも常駐警備員の帽章やボタン、女子制服のボタンなどに使われている。

創業期に使用されたフクロウとカギの社章

飯田氏と戸田氏の二人は、知り合いのツテやコネには一切頼らない営業を開始。だが契約はゼロだった。その理由は契約料の三カ月前納や警備業務を他社に任せることに企業側が二の足を踏んだからだ。三カ月経った一〇月、一件の巡回警備が成約した。それは東京都千代田区麹町にある旅行代理店との契約だった。

東京オリンピックと「ザ・ガードマン」で飛躍

常駐警備とは、建物内に警備員が常駐するサービスである。最初の大きな契約は、一九六三（昭和三八）年一二月の東京オリンピック組織委員会からの選手村の警備の依頼。この依頼が今までにない新しい仕事だと、テレビ・新聞・雑誌が取り上げ、社名と仕事内容が世間に広く知られるようになる。オリンピックを無事故に終え、高い評価と信頼も得たことは、その後の飛躍のきっかけとなった。

1964年東京オリンピック選手村の警備

そしてその後契約した帝国ホテルの常駐警備員がテレビ局のプロデューサーの目に留まり、一九六五（昭和四〇）年四月に、同社をモデルにしたＴＶドラマ『ザ・ガードマン』がスタート。テレビ局が最初に付けたタイトルは『東京用心棒』だった。だが「われわれは用心棒ではない」と飯田氏が反対。代わりに『ザ・ガードマン』に変更された。さらに脚本に、「汚い言葉遣いを禁止する。女性とは絡まない。酒は飲ませない」の条件をつけた。主演の宇津井健氏の爽やかな演技と、権力も拳銃も持たないガードマンが市民の安全のために闘うストーリーが共感を呼び、四〇％を超える高視聴率を獲得。一世を風靡したドラマは、七年間続いたことで、同社の知名度を高め、警備サービスの普及の追い風となった。

一九七〇（昭和四五）年の三月～九月に大阪府吹田市で日本万国博覧会（大阪万博）の警備も担当。建設現場の警備から開催期間までの二年一カ月にわたり無事故で重責を果たしたのだった。

日本初のオンライン安全システム「SPアラーム」の誕生

一九六二（昭和三七）年一〇月には、日本初の巡回警備がスタート。巡回警備とは、契約した建物内を夜間に三～五回、巡回点検するサービスである。そして一九六四（昭和三九）年一一月に、飯田氏と戸田氏はオンライン・安全システム「SPアラーム」の開発に着手。東京都・八王子市にあった芝電気八王子工場を訪ね、試作器製作の依頼を行った。

巡回警備と常駐警備の契約が右肩上がりに伸びている時期にSPアラームを開発

した理由は、このまま契約が増えれば、社員の数が膨大に増え、管理しきれなくなり、警備の質にばらつきが出てしまうからだ。当時は高度経済成長期に入り人件費が高騰していたため、人による警備だけでは高い値段になってしまう。機械でやれることに人手を割くのは、人間の尊厳を損なうものだと、熟考した末の決断だったのである。

SPアラームの第1号機

契約先の企業に防犯・防火のセンサーを取り付け、通信回線を通じて二四時間遠隔監視をし、何か異常があれば緊急対処員（ビートエンジニア、警備員）が駆け付けるSPアラームは一九六六（昭和四一）年に発売。第一号の契約は、東京・池袋にある銀行の支店。その有効性が実証されたのは、一九六九（昭和四四）年四月七日に起きた、四人が射殺された一〇八号連続射殺事件の殺人犯の逮捕がきっかけ。コントロールセンターからの指示で緊急対処員が急行するとともに、通報により緊急配備した警察により指名手配の犯人が逮捕された。犯罪を未然に防いだSPアラームが脚光を浴び、「事件知らせた新兵器」などと新聞は報じた。九月にはこの功績に対して、西独（当時）ミュンヘン市で開催された国際警備連盟でゴールドメダルが授与された。

一九七〇（昭和四五）年、飯田氏は大転換を決断する。契約件数が前年末で二〇〇〇件に達した巡回警備サービスを廃止し、わずか五〇〇件に過ぎなかったSPアラーム事業一本に絞る。「失敗を恐れて、今のままで過ごそうとしても、変化の速い今日では取り残されてしまう。五年、一〇年先を読み、手を打っていかなければならない」と、飯田氏が時代の先を見据え決断。同年五月にオンライン・セキュリティシステム機器の取り付け工事を行う日警電設（現テクノ事業本部）を設立。七月には東京・晴海に本格的な中央管制センターを開設。併せて全国一八カ所に管制センターを増設した。

一九七一（昭和四六）年一〇月二七日には、東京・北の丸公園の科学技術館で、一般公衆回線を利用した「SPアラームホン（後にアラームパッ

初期のコントロールセンター

ク）」発売の記者発表会を開催。専用回線しか利用できなかった従来のＳＰアラームを改良した商品で、一般公衆回線を利用したオンライン・セキュリティシステムを導入し、月額料金はより低価格での利用が可能になった。一九七二（昭和四七）年五月に警備業法が制定（一一月施行）されたこともあり、ＳＰアラームの契約は五〇〇〇件を突破したのである。

一九七四（昭和四九）年四月、わが国初のＣＤ（現金自動支払機）の安全管理システム「ＣＤセキュリティパック」を米国の銀行と提携して開発し、発売。今でこそ誰もが手軽に利用している銀行の無人ＡＴＭだが、セコムの安全管理システムにより実現したのだった。同年六月には東京証券取引所市場第二部に株式を上場した。この年に沖縄に拠点を設けたことで、四七都道府県への拠点展開が完了し、全国体制が整備された。また上場時にはオンライン・セキュリティシステムの売上が、五〇％を超え、新たな成長への準備を整えたのである。

一九七五（昭和五〇）年三月にはＳＰアラームをさらに進化させた世界初の「ＣＳＳ（コンピューター・セキュリティ・システム）」を稼働。契約先から送られてくる異常情報をコンピューターで一元集中管理し、自動的に管制卓のモニターに「異常発生時刻」「異常内容」「ご契約先情報」などの表示が可能になり、安全性向上と業務の効率化が飛躍的に発展する。そして一九七七（昭和五二）年にはセコム工業を設立し、オンライン・セキュリティシステム機器の自社生産を開始した。オンライン・セキュリティシステムの基盤は、このとき築かれたのである。

二〇一七（平成二九）年三月末現在の国内の契約件数は法人約一〇二万六〇〇〇件、家庭約一二万一〇〇〇件、合計約二三三万七〇〇〇件、海外は八〇万六〇〇〇件である。一方、海外展開の皮切りとなったのが、一九七八（昭和五三）年一月に台湾で設立した中興保全股份有限公司だ。現在、セコムグループは二一の国・地域に進出している。

会社存続の危機に立たされた社員窃盗事件

好事魔多し。一九六六（昭和四一）年に相次いだ社員による窃盗事件をきっかけに会社存亡にかかわる危機に陥った。再犯防止のため、約一年にわたり「社章を守る会」を開催。社員たちによる白熱した議論によって、「正しさの追求」や「現状打破の精神」など、セコムの理念を確立したのである。一九七四（昭和四九）年九月に安全のプロ育成の研修所となる初の自社専用研修所「セコムＨＤセンター」を横浜市緑区青葉台に開設。現在は、東京・多摩、静岡・御殿場、三重・名張、熊本・阿蘇の四カ所に研修所を持ち、年間延べ約一万五〇〇〇人に研修を行い、社員教育に力を入れている。

また、一九八三（昭和五八）年一二月、セコムグループの発展と、社員の人間的成長を達成するための共通の理念を制定。それが「セコムの要諦」である。創業から三〇周年を迎えた一九九二（平成四）年七月には、飯田氏自らセコムグループが実施すべき事業方針をまとめた「セコムの事業の憲法」と、それまでの経験から得た組織風土の考え方、在り方をまとめた基本方針である「セコムの運営の憲法」の、二つを制定している。飯田氏の発言にある「社会に対して有益な事業でなければならない」と、「自分の仕事の七〇％は人材育成だ」の、二つの言葉には、社員の犯罪という失敗から学んだ教訓が込められている。その言葉を実践した組織は、さらに連帯感を強固にさせ、社員の人間的成長を達成した。

新ブランド「セコム」と技術・開発部門の設立

一九六七（昭和四二）年一〇月、一国一社だけが参加できる国際警備連盟に加盟。日本を代表する警備会社と認められたことによって、大型施設向けの安全システム確立に乗り出す。一九七三（昭和四八）年三月八日から、東京・晴海の国際見信頼される安心を、社会へ。

現在、使用しているロゴタイプ

かつて使用したロゴタイプ

本市会場で、第一回保安警備防災機器総合展が開催され、トータルセキュリティシステム「セコム3」を発表。防犯、防火、出入管理、諸設備管理まで行うわが国初の大規模施設向けのトータルセキュリティシステムである。

この年の二月「セキュリティ・コミュニケーション（Security Communication）」という言葉を略した造語の、「セコム（ＳＥＣＯＭ）」ブランドを設立。〝人と科学の協力による新しいセキュリティシステム〟の構築というコンセプトを持つ。一九七八（昭和五三）年には東京証券取引所市場第一部に昇格。翌一九七九（昭和五四）年一月、セコム3を進化させた大型施設向けのトータル安全管理システムとして「トータックス（Ⅰ、Ⅱ、ＥＣ）」シリーズを発売。これは現在の「トータックスＺＥＴＡ」に進化した。三月に安全を中心とする科学技術の研究開発助成、普及啓発などを目的に財団法人 セコム科学技術振興財団を設立する。

同年七月には、東京都武蔵野市に技術部門「セコムＥＤセンター」（現在の開発センターの先駆け）を開設。一九八一（昭和五六）年九月には「セコムＴＥセンター」を三鷹市に開設し、「セコムＥＤセンター」や技術部門を集結し、開発部門を一層強化した。各種実験室を完備し、開発スタッフの陣容も整い、新たな安全システムおよび機器の開発に取り組む。その後は開発部門の組織を「セコム開発センター」と呼んでいる。開発センターでは安全システム・安全機器を次々と生み出した。また、一九八六（昭和六一）年一二月には、主に技術基盤の研究を行う「ＩＳ研究所」を設立。開発センターと併せセコムの研究開発の両輪として機能している。

大型オフィスや百貨店・ショッピングなどの大型商業施設ビルなど向けの総合安全管理システムトータックスＺＥＴＡ、日本初の指紋で個人を識別する出入管理システム「セサモ－ＩＤ」など、大型施設への侵入を想定して、研究開発が行われた。セキュリティサービス会社のセコムが、研究開発部門を開設した理由は、安全技術の研究開発をしている企業がなく、独自開発するしか方法がなかったからである。「より高度な安全・安心を届けなければいけない」という、飯田氏の思想が宿った結果なのだ。この開発センター、ＩＳ研究所は、遠隔画像監視システム「セコムＡＸ」、位置情報提供システム「ココセコム」など、画期的な商品を生み出す。

大ヒット商品ココセコムは日本初の本格的な位置情報提供システムで、発売は二〇〇一（平成一三）年四月。子どもや高齢者、また自動車、荷物などを見守り、行方不明や盗難などに遭ったときに位置情報を提供し、万一のときにはセコムが現場に急行するサービスである。セコムが携帯電話会社の回線を借り、位置情報を提供する仮想移動体通信事業者（ＭＶＮＯ）として手掛ける位置情報提供システムはココセコムなどを中心とした事業だが、契約数は一二六万九〇〇〇件（二〇一七年三月末現在）にも上り、ココセコムが問題解決につながった事例は八〇〇〇件以上（同）と、大きく貢献しているのである。

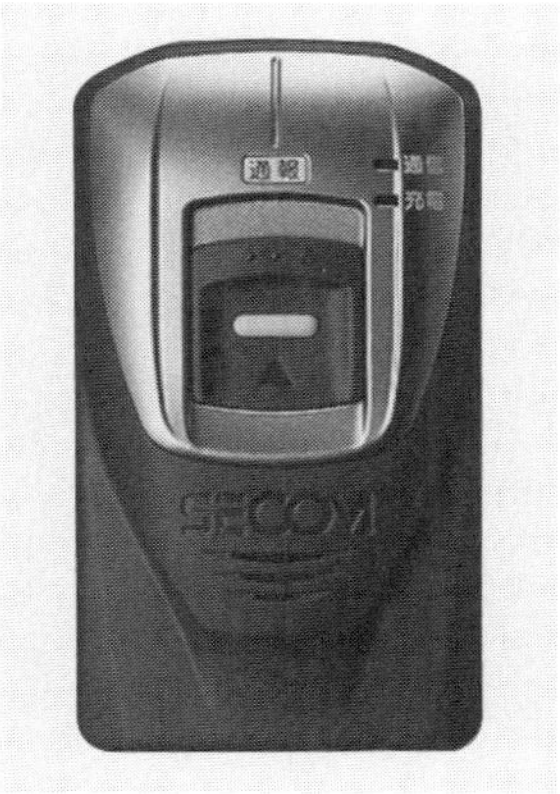

ココセコム

警備業界の動向について触れておこう。一九七二（昭和四七）年五月に全国警備業協会連合会が結成、一九八〇（昭和五五）年には社団法人全国警備業協会（現一般社団法人全国警備業協会）が結成され、初代会長に飯田亮氏が就任している。また、警備業法は一九八二（昭和五七）年、二〇〇二（平成一四）年、二〇〇四（平成一六）年に改訂され、届出制から認定制へ、また検定制度の導入などで警備品質の向上が図られたのである。

日本初の家庭用安全システム「マイアラーム」の登場

一九七二（昭和四七）年、飯田氏は社内の式典で「企業向けのオンライン安全システムは、一般家庭では買えない商品。誰でも買える商品を開発したい」と、ホームセキュリティ構想を打ち上げた。一九八一（昭和五六）年、日本初の家庭用安全システム「マイアラーム」（現「セコム・ホームセキュリティ」）を発売した。ホームセキュリティは、侵入、火災、非常通報、ガス漏れの四つの異常信号を受信し対応するサービスからスタート。「水と安全はタダ」が当然の時代であり、料金などを含めマイアラームの商品開発は困難を極めたが、現在一二〇万件を超える家庭で利用されている。

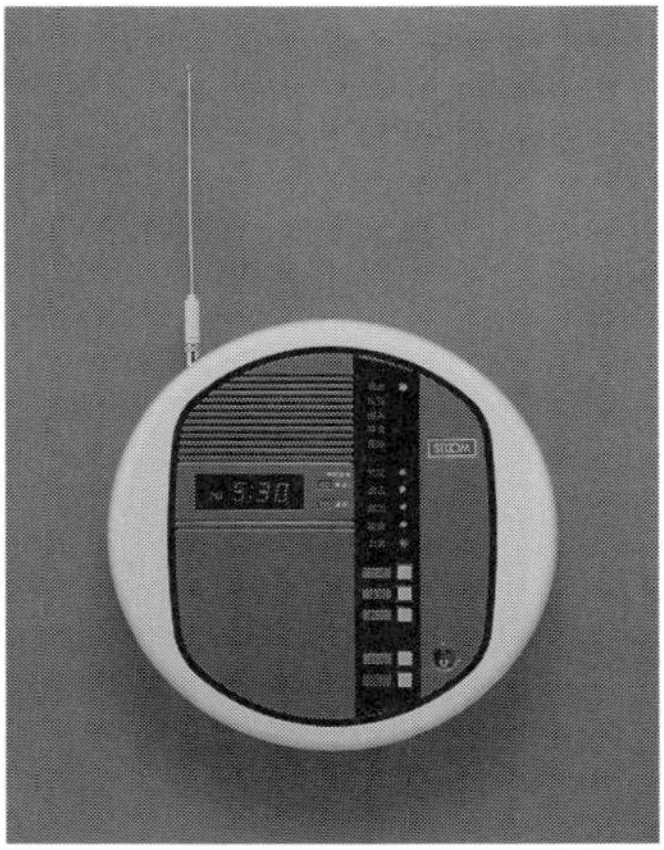
セコム・ホーム セキュリティの原型「マイアラーム」

一九八二（昭和五七）年一一月、マイアラームのオプションとして日本初の救急通報システム「マイドクター」を発売。首からかけるペンダント式の救急通報ボタンを軽く握るだけで、セコムに救急信号が送信され、必要に応じて緊急対処員が駆け付ける。これにより一命を取り留めるケースも数多く発生した。一九八六（昭和六一）年一二月には日本初の自治体向けの「高齢者向け緊急通報システム」を発売。また、緊急対処員は現在、全員が応急処置できるように心肺蘇生法、ＡＥＤ（自動体外式除細動器）操作の訓練も積んでいる。このマイドクターは、メディカル事業へ乗り出す足がかりとなった。

「在宅医療サービス」からメディカル事業を開始

セコムがメディカル事業に本腰を入れた理由は、「お客様に本当の安全・安心と快適な生活を届けたい。それには家族の医療・介護のサービスが不可欠である」との気持ちからだ。セキュリティ事業と変わらない姿勢が、ここでも貫かれている。

一九八八（昭和六三）年四月、米国最大の病院経営会社から救急医療部門を買収し救急医療会社を設立。翌一九八九（平成元）年九月には全米三位の在宅医療会社ＨＭＳＳ社も買収（現在は両社とも売却）。米国での在宅医療のノウハウと、セコムのセキュリティサービス事業の経験とノウハウを結びつけ、一九九一（平成三）年に日本初の本格的な「在宅医療サービス」を開始した。中心静脈栄養法で使う高カロリー輸液など薬剤師が調剤した薬剤を届ける「薬剤提供サービス」、在宅療養の「訪問看護サービス」の二つの事業を新たに展開。「訪問看護サービス」は、セコム医療システムの看護師が利用者の自宅を訪ね、二四時間三六五日、主治医の指示に基づいて医療処置を行うサービスである。現在、訪問看護ステーションは全国三四カ所に点在し、利用者宅を訪問している。

一九九二（平成四）年には社会福祉法人康和会・久我山病院の運営に参画。在宅医療サービスを推進する上で必要となる病院の確保と、地域医療の質の向上を図るため、一九九四（平成六）年、セコム在宅医療システム（現セコム医療システム）を設立。各地域の病院との提携を深めていく。一九九六（平成八）年、セコムは森ビルと共同で、シニアレジデンス（健常者を対象とした介護付有料老人ホーム）「サクラビア成城」（東京都世田谷区）の運営会社に参画。クリニックの併設に加え、施設内に看護師が二四時間体制で常駐、一人ひとりに合った介護サービスを提供している。

なおシニアレジデンス事業は、二〇〇〇（平成一二）年には東京都町田市にある「ロイヤルライフ多摩」をはじめ、「コンフォートガーデンあざみ野」、「コンフォートヒルズ六甲」などを次々とオープンさせていく。今ではシニアレジデンスの運営事業は、在宅医療サービスや病院運営支援サービスと並ぶメディカル事業の柱となっている。

そして一九九四（平成六）年には、ネットワーク機能を生かした日本初の遠隔画像診断支援サービス「ホスピネット」を開発。契約先の医療機関が撮影したＣＴやＭＲＩなどの医用画像を、「セコムホスピネットセンター」へ送信し、日本のどこにいても専門医による高度な画像診断支援が受けられる画期的なサービスである。

医療機関のネットワーク化をさらに進化させたのが、二〇〇一（平成一三）年に発表された日本初のクラウド型電子カルテシステム「セコム・ユビキタス電子カルテ」。クリニックや小規模病院を対象に、医師や看護師など複数の人が患者情報を共有できる電子カルテシステムである。

体制整備も進めた。セコムのメディカル事業部門と関連の三社を統合し、セコム医療システムを二〇〇二（平成一四）年に設立。セコム医療システムは現在、全国各地で二〇の提携病院の運営を支援。ゼロからスタートしたメディカル事業だが、二六年たった現在、在宅医療サービスに加えて、病院運営支援や健康・予防事業、ネットワーク医療事業、介護・福祉事業と事業内容は多岐にわたっている。超高齢社会となった現在、日本でも稀有（けう）なトータルの医療・介護基盤を持つセコムグループの役割は重要度を増しているのだ。

情報通信事業への進出

セコムが情報通信事業であるCATV会社を設立した理由は、「セコム・ホームセキュリティ」などの家庭向けサービスを、双方向で提供できる有力な情報通信ネットワークになり得ると考えたからだ。一九八三（昭和五八）年八月、仙台市で都市型CATV会社宮城ネットワークの設立を筆頭に、茨城ネットワーク、新潟ネットワークを設立する（CATV会社は売却）。翌一九八四（昭和五九）年五月には、飯田氏が、京セラ創業者の稲盛和夫氏やウシオ電機会長の牛尾治朗氏らとともに第二電電企画（現在のKDDIの前身）を設立。翌一九八五（昭和六〇）年八月にはセコムネットを設立（その後、セコムトラストシステムズに統合）。VAN（付加価値通信網）サービスを提供する。一〇

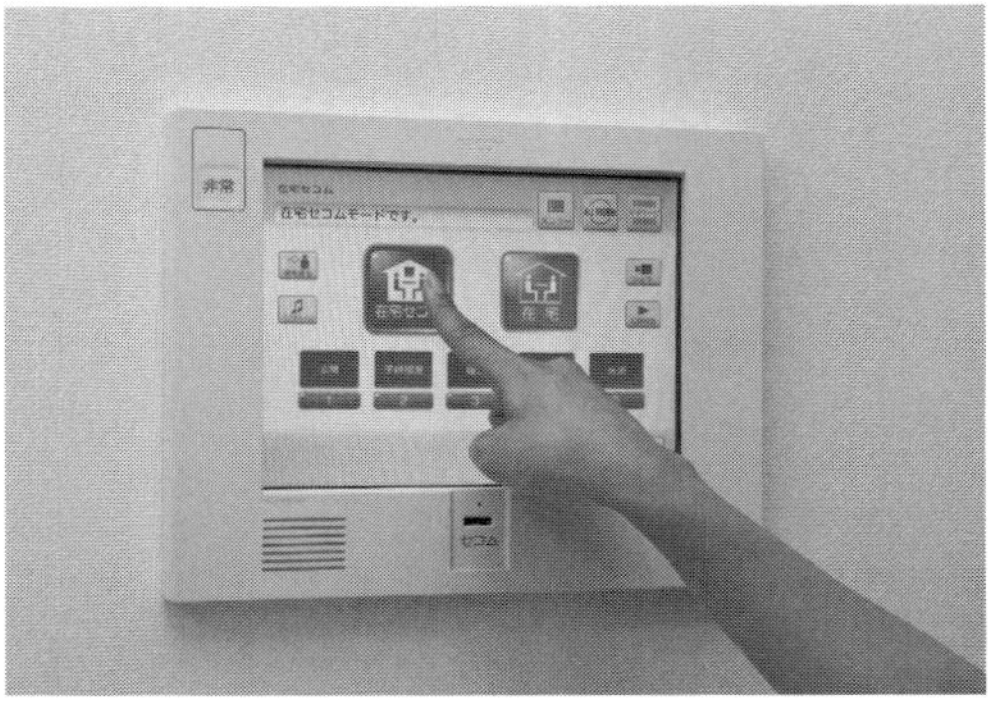

「セコム・ホームセキュリティ」コントローラー

月、日本電信電話（NTT）と合弁で日本コンピュータセキュリティを設立（その後、セコムトラストシステムズに統合）。ハッカーなどのコンピューター犯罪を防ぐシステム監査など、コンピューターセキュリティの設計・施工を行う。当時のニューメディアの先駆けとして、この時期に蓄積されたノウハウやスキルはセコムトラストシステムズの貴重な経営資源として引き継がれた。

飯田氏の発言にあるどんな失敗や不振も前向きに捉え、やるべきことをやり、好循環を作る。その姿勢が後の二〇〇〇（平成一二）年に開設されたデータセンター事業の「セキュアデータセンター」や、二〇一一（平成二三）年に開発されたコンピューターウイルスの脅威から守る「セコム・サイバー攻撃対策サービス」などへの成功につながっていくのだ。また二〇〇四（平成一六）年に開発された国内最大規模の安否確認サービスである「セコム安否確認サービス」の開始もこうした情報通信事業展開の大きな成果である。

「社会システム産業」宣言とALL SECOM戦略

一九八三（昭和五八）年一二月セコムは、「日本警備保障株式会社」から「セコム株式会社」に社名変更する。セコムに名前を変えた理由は「警備産業」から「安全産業」に進化し、社名とブランドの一体化を図るためだ。長嶋茂雄・読売ジャイアンツ終身名誉監督が登場したセコムの有名なCMのセリフである「セコム、してますか?」(一九九〇年から放映)の効果もあり、同社の名前が世間に定着することとなった。

一九八九(平成元)年には、「安全産業」を発展させ、安心で快適で便利な新しい社会システムを構築するため「社会システム産業」を宣言。セキュリティ事業に続いて、一九八三(昭和五八)年「情報通信事業」、一九九一(平成三)年「メディカル事業」、一九九八(平成一〇)年には「保険事業」、一九九九(平成一一)年には「地理情報サービス事業」、二〇〇〇(平成一二)年に「不動産事業」、二〇〇六(平成一八)年に「防災事業」など、安全・安心にかかわる多種にわたる事業を開拓し、グローバルに展開していく。

そして二〇一〇(平成二二)年には「社会システム産業」を実現するための〝ALL SECOM〟の戦略を開始。セコムグループのセキュリティ、防災、メディカル、保険、地理情報サービス、情報通信、不動産・その他の七つの事業が相互に連携を深め、それに国際事業を加えて相乗効果を発揮。セコムグループ企業全体が連結したプロジェクトを取り組んでいる。

創立五五周年を迎えたセコムが向かう未来

二〇一七（平成二九）年七月七日が創立五五周年のセコム。ALL SECOMはさらに高みを目指して活動している。二〇〇〇（平成一二）年一二月、セコムトラストネット（現セコムトラストシステムズ）が日本最大級のセキュリティ機能を持つ「セキュアデータセンター」を開設。二〇一二（平成二四）年には、創立五〇周年を迎え「セコムフェア二〇一二」を開催。最新のセキュリティシステムから、五〇年間の歴史、未来への取り組みまでセコムのすべてを展示してみせた。さらに同年にはアット東京がセコムグループ入りし、国内最大級のデータセンター事業会社に発展することになった。このビッグデータを中核にして、「セキュリティ」「超高齢社会」「災害・BCP・環境」の、三分野の社会課題に挑むことにした。

それらのなかでもセキュリティの問題を解決するために近年、セコムが明らかにした〝武器〟が以下である。二〇一四（平成二六）年一二月に民間防犯用で日本初で開発した「セコム飛行船」は、複数台の高精細カメラ、熱画像カメラ、指向性スピーカー、集音マイク、サーチライトを搭載し、上空から地上の対象エリアを見守る、高次元のセキュリティを実現。異常の早期発見や災害時の迅速な状況把握、避難誘導の支援を行うことが可能となった。

民間防犯用としては世界初の自律型飛行監視ロボット「セコムドローン」を二〇一五（平成二七）年一二月に開発。侵入異常発生時に対象の車や人に上空から接近し、近距離で車の周囲を飛行し、車のナンバーや車種、ボディカラー、人の顔や身なりなどを撮影し、セコムのコントロールセンターにリアルタイムで画像を送信。画像を警察に提供することで、不審車（者）の追跡・確保・逮捕につなげる。また、侵入してきた不審なドローンをレーダーで検知し、リアルタイムにカメラで追跡、異常を通知するサービスである「セコム・ドローン検知システム」を二〇一六（平成二八）年一月に開発。特に、重要施設やＶＩＰが出席する大規模なイベント会場や競技場などにおけるセキュリティ対策として活用している。同年四月には、巡回警備員が胸に小型のカメラを装着する「ウェアラブルカメラ」を発表。これによ

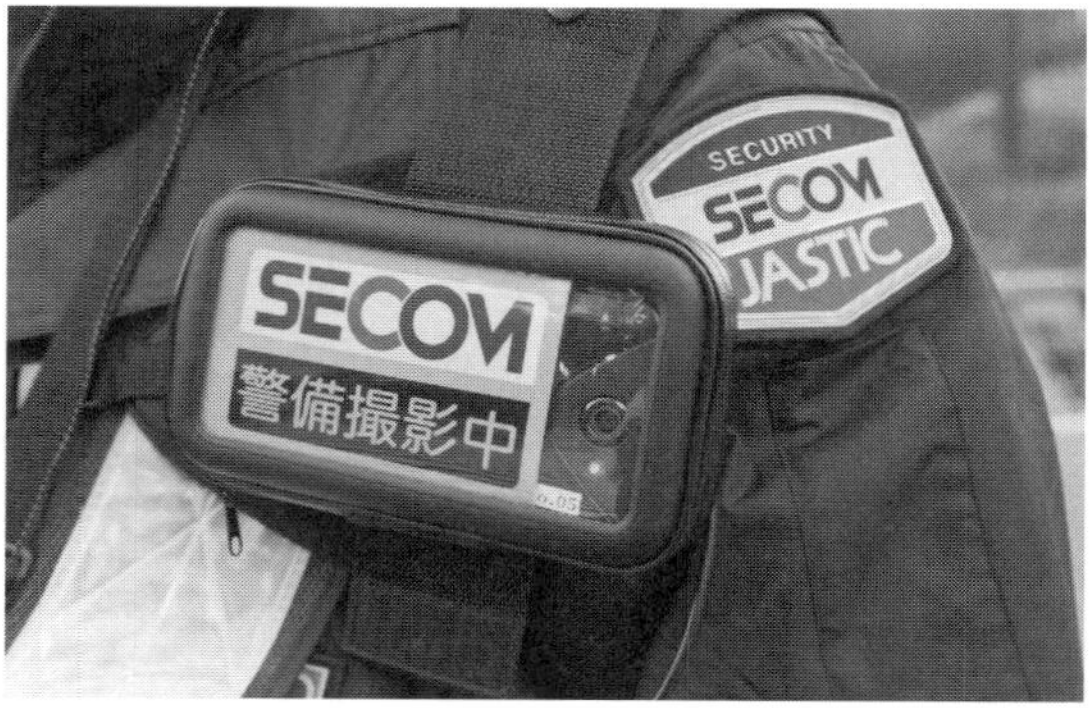

ウェアラブルカメラ

り監視カメラの死角エリアを補うセキュリティレベルの向上を図ることが可能になった。現在、羽田空港の国際線旅客ターミナルの巡回警備員に、セコムのウェアラブルカメラが本格導入されている。

そしてＩＳ研究所が中心になり、セキュリティ技術とノウハウすべてを結集させたのが、「セコム３Ｄセキュリティプランニング」だ。セコムグループのパスコが航空撮影し、正確な測量により、どの地点でも緯度・経度・高度が把握できる三次元（３Ｄ）画像を用い、最適な警備計画を立案する高度なプランニングシステムである。そしてこれに加え、セコム飛行船と「セコム気球」、セコムドローンによる上空からの監視画像、警備員の装着したウェアラブルカメラの画像に、地上に設置された「仮設防犯カメラ」、警備員からの報告など、さまざまな情報を統合。画像認識技術をはじめとするＡＩ（人工知能）技術も活用して警備本部の監視員が適切に判断し、

セコム気球

現地の警備員や関係者と連携しながら、立体的に見守る。セコム五五周年の集大成が「立体セキュリティ」なのである。

セコムは東京二〇二〇オリンピック・パラリンピックのオフィシャルパートナーに決まった。一九六四年の東京オリンピック、一九七二年の札幌冬季オリンピック、一九九八年の長野冬季オリンピックの警備を担当したことから、二〇二〇年はその恩返しと考えている。二〇二〇年に向けて今後の大規模なスポーツ競技大会やイベント、国際会議においてはテロのリスクへの備えとして、セコムの最先端のセキュリティ技術が必要とされている。すべては「社会システム産業」がもたらす「安全・安心」で「快適・便利」な社会を実現するために、セコムの進化は止まらないのである。

c h a p t e r 3

第3章

社会システム産業と7事業戦略

1989年、あらゆる不安のない社会の実現を目指し、「安全・安心・快適・便利」な社会を支えるサービスシステムである「社会システム産業」を宣言。セコムはこれを実現すべくセキュリティ、防災、メディカル、保険、地理情報サービス、情報通信、不動産・その他の7事業を展開している。「社会システム産業」および7事業の戦略に迫る——。

岡山商科大学教授（経営学部長）
神戸大学経済経営研究所リサーチフェロー
長田 貴仁

社会システム産業

〝安心のプラットフォーム〟を目指す

セコムとはどういう会社なのか。世の中の人はほとんど「警備会社でしょ」と答える。そして、「セコムしてますか？」というCMで聞いたフレーズを「警備してますか？」と捉えているのではないだろうか。が、実態はそれほどシンプルではない。

たしかに、セコムは警備業界でダントツ首位の座を占める「警備会社」である。一方、高収益のセキュリティをコア事業に据え、防災、メディカル（医療）、保険、地理情報サービス、情報通信（ICT）、不動産など、社会が求めている事業を相次いで起こした。そして、それら七つの事業に国際事業を加え、融合して新たな価値を生み出す「ALL SECOM戦略」のもと、「セキュリティ」、「超高齢社会」、「災害・BCP・環境」の三つを中心に、社会のあらゆる困りごとや日常の不安を解決するサービスの創出に努めている。同社は、このビジネスモデルを「社会システム産業」と呼んでいる。経営学では、ビジネスモデルとビジネスシステムを分けて解釈している。ビジネスモデルは事業を設計する上でのコンセプト。片や、ビジ

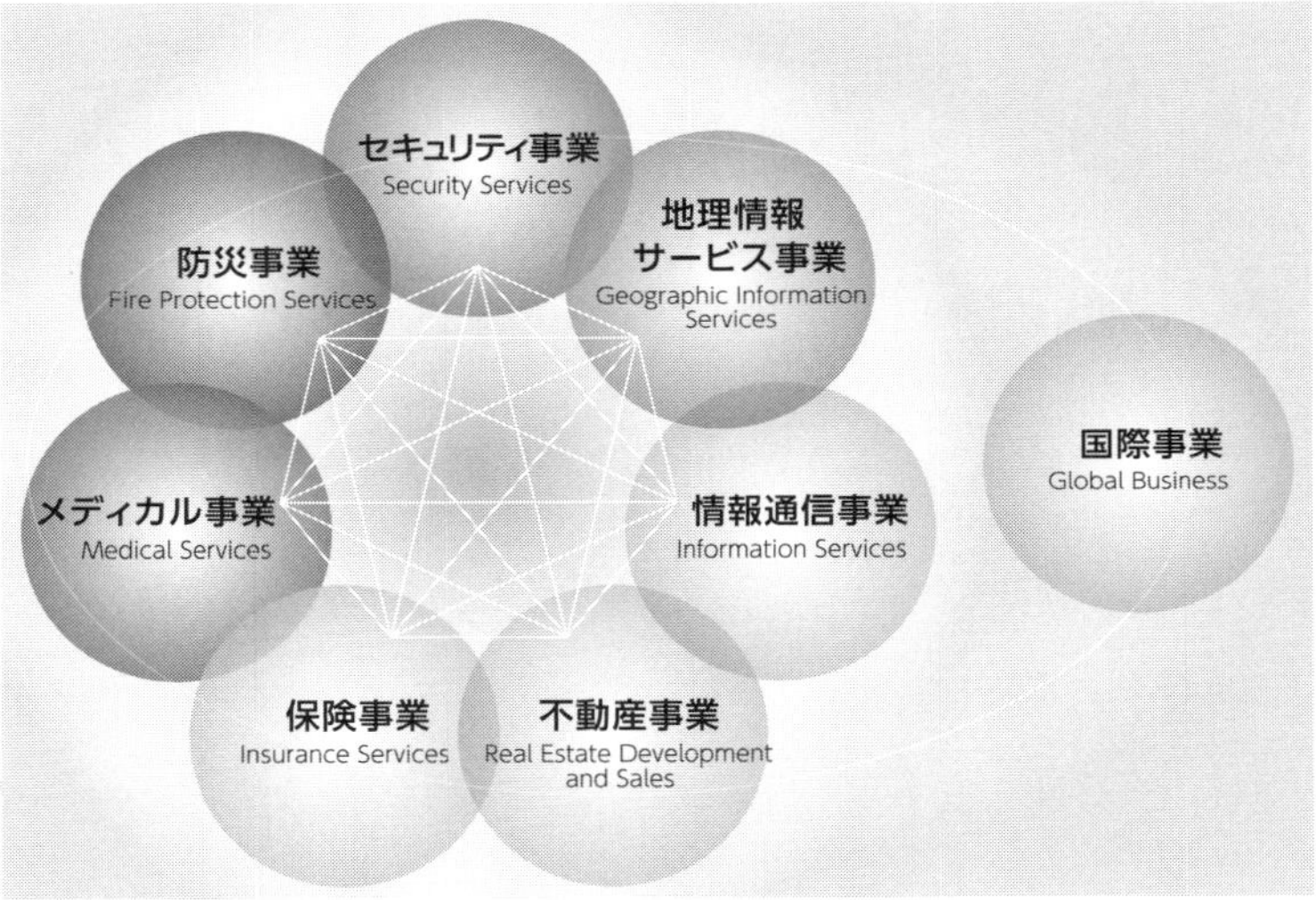

社会システム産業イメージ図

ネスシステムは、もうける仕組みである。例えば、「コンビニ」がビジネスモデルであれば、「セブンイレブン」はビジネスシステムということになる。

セコムのビジネスモデルである「社会システム産業」を構築するために展開している「ALL SECOM戦略」というビジネスシステムを創業者の飯田亮・取締役最高顧問は「多角化」とは呼んでいない。「安全・安心には不可欠な事業ばかりであり、これらの統合化・融合化を図り、安心のプラットフォーム化することが、社会システム産業を構築する上でのセコムの重要な戦略となる」と表現する。

「艶っぽい企業」にならなくては

このような業容拡大を実現するためにセコムが積極的に推進するM&A（合併・買収）を見ていると、「いったい何を目指しているのかわからない」と不思議に思う経営学者も少なくない。だが、それは飯田氏が「なぜもうかっているのかわからない会社にしたい」というように、セコムにとってはありがたい見方といえよう。

飯田氏は社員を前にして、セコムの目指す形について常々こう話している。「下駄屋、味噌屋になっちゃだめだ」「艶っぽい企業、色っぽい企業にならなくては」と。

決して、下駄屋、味噌屋を見下しているわけではない。飯田氏自身、江戸時代から続く老舗（酒問屋・岡永）に生まれ、父から商人道を叩き込まれた。老舗の存在に敬意を払っている。今も江戸商人の血が騒ぐ。この言葉の心は、競争の手の内を見えないものにするか、見えても一朝一夕にはまねできない複雑なもうかる仕組みを構築しなくてはならない、ということだ。飯田氏の言葉を借りれば、「艶っぽい」会社にするのが理想。だから「何をしているのか、よくわからない社名に変えた」(飯田氏)のである。

社名変更の背景に「超・安全産業戦略」あり

企業が社名を変更する理由は、覚えやすい社名にしたい、ブランド名と社名を統一するため、事業内容が変わるから、など、さまざまである。

セコムは、一九八三(昭和五八)年一二月に、「日本警備保障株式会社」から「セコム株式会社」に看板を変えた。実は、その一〇年前の一九七三(昭和四八)年、つまり、創立一〇周年を過ぎた頃、飯田氏は、警備産業の枠を超えると決断をしたのだった。その証拠に、一九七三(昭和四八)年に「セコム(Security Communicationからの造語)」をブランドとして考え出し、使い始めていた。これは当時、「安全情報科学」という日本語をあてていたが、これからの情報社会を見据え、セキュリティ事業で構築した情報通信ネットワークを活用し、防犯・防火だけでなく、より広い領域で「安全・安心」を提供しようと考えたものだ。そして、一九八九(平成元)年一月には新聞広告などで「社会システム産業元年」を内外に宣言し、現在もその構築に取り組んでいるのである。

セコムは、「社会システム産業」を「社会にとって安心で、便利で快適なサービシステム（事業）を次々に創造し、それらを統合化・融合化して、トータルな新しい社会システムとして提供する産業のこと」と定義している。

飯田氏は「セコムの事業と運営の憲法」に「セコムの行う社会サービスシステムは、高度な技術に立脚した革新的最良のものでなければならない」、「新しい社会サービスシステムは、最初の段階では社会慣習に馴染まず、また、法的側面でも相当な障害が予想される。しかし、それだからこそセコムが選択する価値のある事業なのである」と記している。

概して理念よりも低次元な「標語」に基づく多角化は、言葉遊びに終わり失敗するケースが多い。経営資源をロスなく有効活用して、まったく新しい市場を創造できれば、持続的成長が可能になる。「多角化」ではないセコムの複合事業戦略で各事業は統合化・融合化の後に、どのような化学変化を起こすのだろうか。それが、セキュリティを超える次世代の稼ぎ頭の誕生につながれば、「多角化」という言葉ではくくれない次世代コア事業が新たなビジネスシステムが経営学のテキストに追記されることだろう。

セキュリティ事業

商品がないショールーム「MIRAI」

セコムの本社（東京都渋谷区）の一階に、「ALL SECOMショールーム・MIRAI」（ミライ）がある。このショールームの最大の特徴は、ショールームでありながら、現行商品を展示していない点。これはモノを売りたいのではなく、安全・安心のサービスを届けたいという想いの表れで、商品説明よりも、セコムがあると日常生活がどう変わるのか、セコムの価値を体感できることに重点を置いて作られているのがこだわりだという。中山泰男社長が「まだ見ぬ安心」と話す、近未来のセコムのセキュリティや安全・安心・快適・便利を実現するALL SECOMの取り組みを、最新の映像技術を駆使してわかりやすく説明しているのがこのMIRAIなのである。

「MIRAI」のレセプションコーナーで説明を聞いていると、気づかれないように設置されたカメラで顔写真を撮影されていた。その写真が、入場時に手渡されたスマホ型端末の画面に表示され、ショールーム内のさまざまなアクセス権が設定可能な、いわば電子身分証明書になる。まずは、セコムの「意識させないセキュリティの技術」に驚く。

次に、未来の会議室を具体化した「ゾーン二」へ。進化する〝ＡＬＬ ＳＥＣＯＭ〟の姿を顧客に示すことで、セコムの可能性を感じてもらう空間である。世界に一台のディスプレーテーブルに着くと、自動的に自分の席の前に顔写真入り名刺が映し出される。さらに、それぞれが自分の名刺に触れると、瞬時にお互いの名刺がディスプレーの中を飛び交い「電子式名刺交換」が行われる。そして、セコムグループの歴史、事業展開、将来展望などが紹介される。「ゾーン二」は、三面の大型スクリーンを連動させたセコムシミュレーターの映像で、普段は目に見えないセコムのサービスを可視化。近未来の国際イベントの安全・安心を支えるコントロールセンターを描くコンテンツや将来の超高齢社会におけるサービスを紹介するコンテンツなどがある。「ゾーン三」では、セコムの現在と未来を支えるバックボーンとして、データセンター、オペレーション体制、人的資源、それらを取り巻く技術力を紹介。未来のビートカー（緊急対処車両）への搭載を想定する技術など、ＩＳ研究所が取り組んでいる最新技術が実際のサービスにどう生かされていくかを披露している。

一連のプレゼンを視聴し印象に残ったのは、二〇二〇年を想定したスポーツ競技会場をイメージした一シーンである。ある外国人旅行客が地図を見ていると、ドローンが飛んでくる。そして、「どこに行かれたいのですか」と話しかける。なんと、ドローンが道案内をするのである。セコムは最近、人工衛星、飛行機、飛行船、気球、ドローンを駆使した「立体セキュリティ」に力を入れている。だから、大会場内を飛ぶドローンは、怪しきやからをマーク、追跡したり、事故が起こらぬよう混雑を緩和するために観客誘導する事前警備が主な任務と思いきや、音声自動翻訳技術を使って外国語で道案内までする。セキュリティはホスピタリティにまでつながるのである。

ショールーム「MIRAI」の未来の会議室

セコムの祖業であるセキュリティ事業は稼ぎ頭であるだけでなく、多様な効用を発揮する「社会システム産業」のインフラといえる。「インフラ」とは、〝infrastructure〟という英語から生まれた外来語であり、基礎構造や基幹施設を意味している。一般的には、道路、港湾、鉄道、空港、住宅など産業や生活の社会基盤を形成する目に見える施設の総称として使われる。しかし、「ＭＩＲＡＩ」で知った目に見えない安心という名のインフラも現代人にとっては、なくてはならないものである。

「セコム」はホームセキュリティの代名詞

遡ること今から五五年前にセコムは、オフィスビルの「巡回警備サービス」や「常駐警備サービス」から事業を開始。そして、一九六六（昭和四一）年には、わが国初の企業向け「オンライン・セキュリティシステム」を開発した。企業向けオンライン・セキュリティシステムの第一号は、六六年に、ある銀行の支店に採用された。当初は警備機械を集中監視・管理するコントロールセンターを本部に設置、その後、各都道府県に一カ所ずつ合計四七カ所が設けられた。ひとたび異常が発生すれば、全国約二八〇〇カ所に配置した緊急発進拠点からビートエンジニア（緊急対処員、警備員）が駆け付け、必要に応じて警察、消防にも通報する。コントロールセンターの精度を高めたのが、一九七五（昭和五〇）年に完成した世界初の「ＣＳＳ（コンピュータ・セキュリティ・システム）」。それまでは、異常点滅ランプを目で監視していたが、ＣＳＳ導入により、管制卓のモニターに異常発生と同時

オンライン・セキュリティシステムを提供する体制

に発生時刻、契約先名、異常内容と契約先対応必要情報を自動的に表示。管制業務の質と効率が飛躍的に向上した。

この結果、契約件数が増大し、セコムが急成長する上での足がかりとなる。現在では店舗、オフィス、ビル、工場、倉庫、金融機関、学校、病院、スーパーマーケットなど、さまざまな施設で、オンライン・セキュリティシステムが導入され、警備業界で断トツ首位の座を占めるようになった。その後、セコムのセキュリティは企業向けに加え家庭用へと新しい市場を拡大する。二〇一七年三月末で、法人契約一〇二万六〇〇〇件に対し、家庭契約一二二万一〇〇〇件、海外八〇万六〇〇〇件の合計三〇四万三〇〇〇件とセキュリテ

顧客の家に駆けつける緊急対処員

ィの契約数は三〇〇〇万件を突破している。

企業向けに構築したセキュリティネットワークをベースに、一九八一（昭和五六）年に日本初の家庭用安全システム「マイアラーム（現セコム・ホームセキュリティ）」を発売した。現在、家庭用でもトップシェアを占め、業界二位企業・綜合警備保障（アルソック）との間に大きく水を空けている。

マイアラームを発売した当時は、家庭でセキュリティシステムを利用するという発想すらない時代だった。だが、セコムの計画は揺るがなかった。「将来必ず、家庭でも安全を積極的に守らなくてはならない時代が来る」という信念と、「豊かな社会とは選択肢のある社会である」とする理念から、安全を買えるようにしなければならないと考えた。その後、長嶋茂雄・読売ジャイアンツ終身名誉監督をイメージキャラクターにしたテレビCMを放映したこともあり、「セコム、してますか?」とい

長嶋茂雄氏の「セコム、してますか？」は一躍有名に

うキャッチフレーズは、またたくまに広まった。セコムのステッカーが企業だけでなく、多くの家庭の玄関にも貼られるようになり、いまや「セコム」はホームセキュリティの代名詞になっている。

ITを携えたサービス産業

こうした市場の広がりに加えて、技術をサービスに活用する「サービスイノベーション」がセキュリティ事業の競争力をさらに強くしていく。その代表例が、二〇〇一（平成一三）年に投入した位置情報提供サービス「ココセコム」。これは、専用携帯端末を保有する人や車、物の位置を、GPS衛星と携帯電話基地局を使って検索し、いざというときにはセコムの緊急対処員が駆けつけるものである。

次なる家庭市場でホームランを飛ばす四番バッターとして期待しているのが、リストバンド型ウェアラブル端末を用いた健康管理・救急対応サービスの「セコム・マイドクターウォッチ」。二〇一七（平成二九）年の夏からセコム・ホームセキュリティのオプションとしてサービスを開始する。セコムはこれまでにも、セコムに救急通報するペンダント型端末を使う「マイドクター」や、携帯電話機能を併せ持ち屋外でも救急信号を送信できる端末を利用する「マイドクタープラス」などを発売。しかし、これらの端末は、ユーザー自身が握ったり、ストラップを引っ張ったりという操作が必要だった。

ところが、「マイドクターウォッチを腕に着けていれば、高齢者だけでなく、脳梗塞、心筋梗塞が原因で急に倒れ、端末を操作できないとき、内蔵の加速度センサーがバタンと倒れた異常事態を自動で検知し、救急通報を発信できる」（中山氏）。

セコムのセキュリティの特徴は、水源から引き、浄水場で浄化した水を水道管に流して各家庭まで届ける水道のように、切れ目のないインフラとして提供していることだ。オンライン・セキュリティシステムではセキュリティ機器をレンタルし、研究・開発、製造、営業、セキュリティプランニング、取り付け工事、二四時間監視、緊急対処、メンテナンスまですべて自社で行う一貫対応体制を確立している。

一方、欧米のオンライン・セキュリティシステムは、セキュリティ機器は売り切りで、取り付け工事や二四時間監視は別の会社が行い、異常があれば即、警察や消防に通報する方式である。欧米のセキュリティ会社と比べれば後発のセコムがなぜ、このような一貫体制を確立したのだろうか。セコムは機器を売るのではなく、安全をトータルなサービスとして提供したいと考えたからである。また、戦略駆動力となる経営資源を他社に依存していては、安全は不完全なものになるという創業者・飯田亮氏の強い思いがあったからだ。近年、オープンイノベーションを重視し他社との協業も積極的に進めようとしているが、他社のノウハウに依存するのではなく、他社や世の中の技術とセコムの技術、ノウハウとを有機的に組み合わせ、事業の付加価値を高めるとともに社会に役立つ新しい価値を創造するという発想が根源にある。

セキュリティ事業を表層的に見ていると、商品・サービス力、営業力、そして、常駐警備、機械警備という職能によりもうけているように見える。しかし、かつて、アメリカのメディアが、「ITを携えたサービス産業」としてアップルとならびセコムを賞賛したことからもわかるように、セキュリティ事業は情報通信（IC

T）技術を深層の競争力とし、簡単には他社にまねできない持続的に「もうける仕組み（ビジネスシステム）」により高収益を達成し続けているのである。IoTの先駆けともいえよう。

「社会システム産業」の要

セキュリティ事業のビジネスシステムを考案したのは、「事業をデザインする」という言葉をよく口にする創業者の飯田氏である。同氏は一九七六（昭和五一）年二月、周囲の反対を押し切り、社長を退任し会長に就任した。四二歳のときである。その心は、「考えることに時間を割きたかった」からだ。普段はパーティションで区切ったコーナーで執務するが、集中して考えたいときは会長室の奥の個室に閉じこもり、歩きながら考えを巡らせ、フローチャートを描き続けた。ニュービジネスを考案すれば、緻密に計算し値決めまで自ら行うという徹底ぶりだった。

このエピソードからもわかるように、セキュリティ事業だけではなく、そのほかの事業も、いずれも、ヒット商品（サービス）狙いではなく、仕組みで稼ぐビジネスである。セキュリティ機器を売り切りにせず、レンタルにしたのも、前述したように、商品・サービスの質を確保するという意味合いが大きかったが、結果的に、持続的に高収益を生む仕組みとして競争力を発揮しているのである。

セキュリティ事業は、本業で社会的課題を解決することにより、経済価値と社会価値を同時に創造しようとするCSV（共通価値創造）にも大きく貢献している。近年、社会問題解決を最大目的とするソーシャルビジネスが注目されている。ところが、それを起こす社会起業家の事業力は総じて弱いと指摘される。セコムは違う。社会問題を発見・解決するために旺盛な経営力を発揮する。だが、社会に役立つ事業を展開すれば、金は後からついてくると考えている。実は、もうかる商売とは、人々が困っている問題を解決するビジネスシステムである。とはいえ、セコムが手をつけているビジネスが、ぼろもうけかというとそうとは限らない。同社がやらなくて誰がやる、といった事業も見られる。

例えば、東日本大震災時の原子力発電所事故以降、大きな社会課題となっているが、セコムはすでに一九七七（昭和五二）年に日本原子力防護システムという会社を設立し、原子力発電所の防護設備の設計・施工や警備で高度かつ特殊なセキュリティノウハウを提供してきた。

もう一つの事例は、民間の経営能力や技術を活用し、建設、運営するPFI（プライベート・ファイナンス・イニシアチブ）方式の刑務所である。わが国初のPF

I刑務所「美祢社会復帰促進センター」（山口県美祢市）は、セコムを代表企業とする一二社が落札した。栃木県さくら市のPFI刑務所「喜連川社会復帰促進センター」と、栃木県大田原市にある「黒羽刑務所」でも同様の運営を行っている。

以上の事例からもわかるように、セキュリティ事業は単なる警備会社にとどまることなく、セコムが持つ経営資源を総動員して社会問題を発見・解決する「社会システム産業」の要になっている。

成功する起業家の思考法

ところで、セコムが「まだ見ぬ安心」を見出し、セキュリティの新市場を開拓していくためには、「予見力」が成否のカギを握ると思われる。とはいえ、いくらプロであろうとも、セコムの経営陣も現場も、所詮人間だ。敢えて、「所詮」と付け加えたのは、「未来どころか、明日のことでさえわからない」のが人間の本質であるからだ。まさに神のみぞが知るということになる。ではなぜ、人間である飯田氏は、「まだ見ぬ安心」をニュービジネスとして成功できたのだろうか。最後にまとめとして、経営学の知見を紹介しておこう。

一九七八（昭和五三）年にノーベル経済学賞を受賞したハーバート・A・サイモンの「限定合理性」である。その主旨は、「経済主体は、合理的であろうとするが、その合理性には限界がある」というもの。もう一つが、二〇〇〇（平成一二）年以降注目されている「エフェクチュエーション」（Effectuation）である。この理論は、ハーバート・サイモン最晩年の弟子に当たるサラス・サラスバシー（バージニア大学ダーデン経営大学院教授）による優れたシリアルアントレプレナー（連続起業家＝二回以上の起業に成功している起業家）の意思決定プロセスに関する研究に基づく。この成果は、アントレプレナーシップ（企業家精神）に関する研究だけでなく、マーケティングの研究者にも大きな影響を与えつつある。では、「エフェクチュエーション」とは、どのような思考法なのだろうか。

あなたは仕事を始めるとき、「まず目標を設定し、今持っている強み（経営資源）を生かして全力で取り組もう」と考えていないだろうか。もしくは、そう指示している上司が多いのではないか。この思考法は、サラスバシーがいうところの「目的に基づく合理性」である。まずは目標を定め、それを達成するために最適な戦略（戦術）を決める、という方法である。とにかく目標達成ありきなのである。

ところが、サラスバシーが米国内を回り、成功企業の創業者三〇人と面談を行い、同じ質問をしてみると、目標ではなく、そこに向かうプロセスを重視していた。つまり、「今持っている強み（経営資源）を生かす」という点は異ならないが、仕事をするなかで時々に生じる課題を達成していく思考法といえよう。このような思考法を持つ経営者には、将来を予測して計画を立ててからよりも、直感で動くタイプが多いことがわかった。財務諸表は大切だが、それだけでは、経営の本質をつかめないのと同様に、社会科学でさえ、社会という生き物を完全に分析し、予測することは不可能である。つまり、経営、ビジネスは、一見合理的であるようで、非合理である要素を多分に含んでいる。だからこそ、懸命に先を予測しようとする。

「行き当たりばったり」も捨てたものではない

サラスバシーの学術的貢献は、そのような非合理な環境に置かれている中で、成功した経営者はどのような行動（思考）をしているのかに注目した点にある。そして、研究を進めた結果、成功したシリアルアントレプレナーには、五つの条件が備わっていることがわかった。サラスバシーの難しい学術的表現をできる限り平たく表現すると、次のようになる。①ゴール達成のために新しい方法を発見することに懸命になるのではなく、やり方がよくわかっている事柄から始めよ。②大成功というリターンを期待するのではなく、大損しないかを選択の基準にする。③予想外の偶発的な出来事を回避したり、対症療法的対応をするのではなく、逆に積極的に活用する。④コストや競合相手の分析ばかりせず、社内では見られない能力を持つ多様な人々と働く。そのような人々が、新たな目標を決めるときに良い影響を及ぼす。⑤不確実な未来ではなく、コントロールできる事業に焦点を当てる。

一見すれば、これらの五条件は行き当たりばったりの行動パターンに見える。しかし、サラスバシーは「手元にある利用可能な手段を駆使して新事業を手掛け、懸命にチャレンジしているうちに、そのプロセスにおいて新たな目標が見つかる。ベンチャー企業が取り組むような斬新なビジネスほど、扱う製品、サービスに未知の部分が多く、先が見えないことだらけだ。とはいえ、上記の五条件を心がけることで、成功の可能性が最大限に高まる」と主張している。ところが、現実に目を向けるとどうだろうか。ビッグデータ、AI（人工知能）の台頭により、ビジネスの世界では、統計分析を駆使したマーケティングリサーチがますます幅を利かせるようになってきた。その結果、過去および現状を精緻に分析し、製品企画や中長期計画

（目標）を作る、それに向けてまっしぐらに取り組むという行動パターンが経営の常識となっている。「まだ見ぬ安心」を大きな市場にするためにも、セコムはセキュリティ事業だけでなく、第三章で分析するほかの事業においても、「エフェクチュエーション」を忘れないことが重要になろう。

防災事業

セキュリティに次ぐ稼ぎ頭

セコムは、オンライン・セキュリティシステムの提供を通して、企業や家庭を二四時間三六五日見守り、「安全・安心」を提供しているが、脅威となるのは不審な侵入者だけではない。昔から怖れられている「地震雷火事親父」もその対象である。親父は台風を意味する「大山嵐（おおやまじ）」が変化したという俗説があるように、災害は危険度が非常に高い。家庭だけでなく、企業のＢＣＰ（Business Continuity Planning＝事業継続計画）を考える上で避けて通れない重要課題となっている。

「地震雷火事大山嵐」のなかでも、もっとも発生確率が高いのが火災である。以前

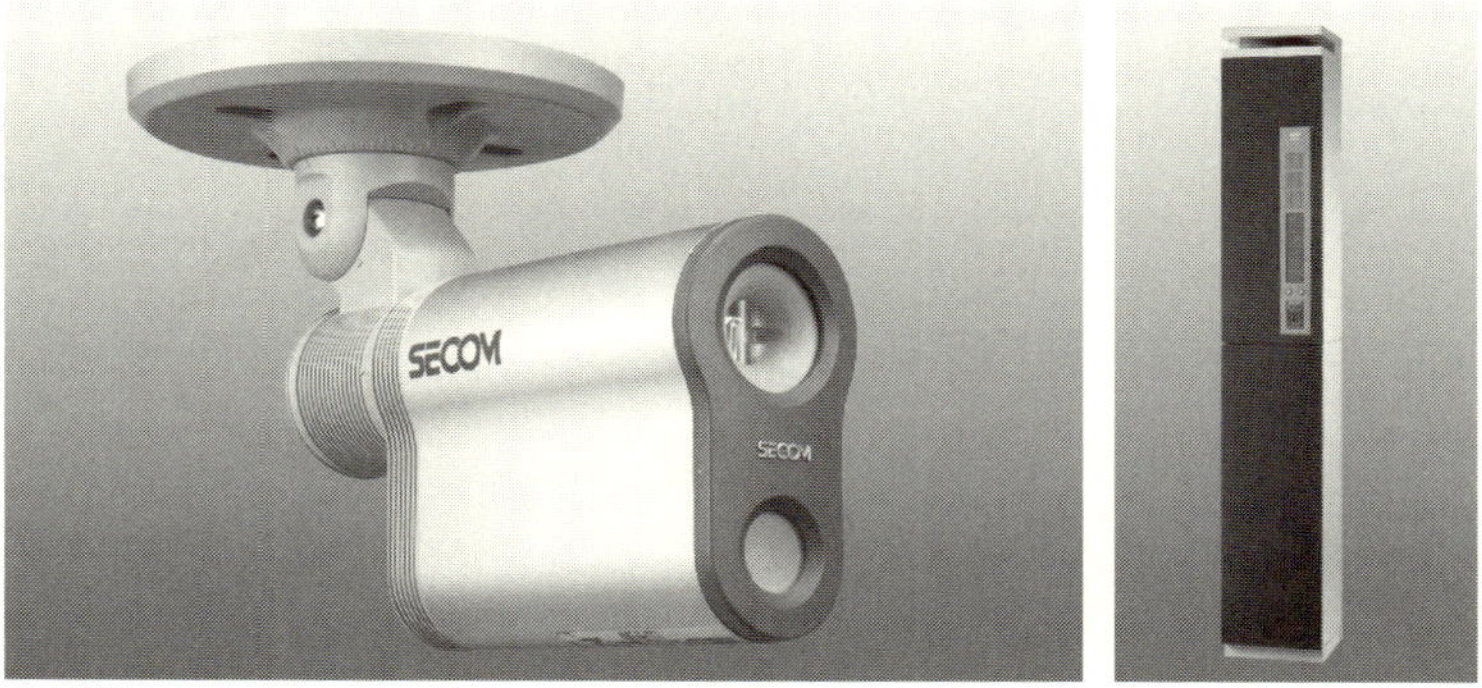

最新機種のトマホークⅢ（右）とフレームチェッカーⅡ（左）

から、セコムの契約者の間には「防火対策も併せて強化したい」というニーズがあった。そこで、一九七四（昭和四九）年にハロンガスによる二次災害のない自動消火システム「トマホークI」、一九七六（昭和五一）年には、屋外の不審火を感知する「フレームチェッカー」、さらに、一九七九（昭和五四）年には厨房用自動消火システム「トマホークジェット」を発売した。現在では、同商品は約七〇％のシェアを誇る。いまや、防火を中心とする防災事業は、セコムにおいて、セキュリティに次ぐ稼ぎ頭なのである。

国内首位の防災事業

セコムが防災事業で国内首位に短期間で踊り出た背景には、防災業界国内シェア一位の能美防災と同三位のニッタンの子会社化がある。

まず初めに、能美防災の概要を紹介しておこう。一九一六（大正五）年、能美輝一氏が大阪市に能美商会という輸入商社を設立。関東大震災で火災の恐ろしさを痛感した。欧米では防火の機械化が進んでいることを知り、一九二四（大正一三）年に自動火災報知機を輸入し防災事業に進出する。二〇一六（平成二八）年に創立一〇〇周年を迎えた日本における防災ビジネスのパイオニアである。その後、競争力の向上を目的に七四年にセコムと業務提携し、二〇〇六（平成一八）年に連結子会社となった。

能美防災が受注した山手トンネルの消火栓（左側）

セコムと共通している点は、一貫したサービス体制を自社で持っていること。研究・開発から製造、施工、メンテナンスまでをまとめて提案している。対象とする範囲は広く、トンネル、プラント、工場、船舶、文化財、ビル、地下街、住宅など、さまざまな施設に防災基準と顧客ニーズに合う最適な防災システムを構築。特に、同社はトンネル防災システムで強い競争力を発揮しており、具体例としては、首都高速道路中央環状線・山手トンネルなどの安全を守っている。

能美防災が上場企業（東証一部）でありながら、子会社になったことで「セコムの資本が入り、企業価値が上がりました。防犯と防災を融合していけるというのも魅力です。現時点では、営業面でお互いに物件を紹介し合っていますが、セコムが持つビッグデータ分析力を大いに活用し、保守・点検と組み合わせ、サービスで稼げる仕組みをつくっていきたい」［藤井清隆社長（現取締役相談役）］と期待が膨らむ。

ニッタンの泡消火設備「アクアフォース」で消火

一方、ニッタンは、一九五四（昭和二九）年に火災報知設備の開発、生産、販売、施工を主業とする「日本火災探知器」として創業、一九六六（昭和四一）年に「ニッタン」に社名を変更した。二〇〇五（平成一七）年一〇月、株式交換により、住生活グループの子会社となった。それに伴い、東証二部の上場廃止が決まった。二〇一一（平成二三）年には、「ＬＩＸＩＬニッタン」という社名に変更した。そして、二〇一二（平成二四）年四月一日、株式譲渡によりセコムの子会社となり、先祖返りしたかのように、社名は「ニッタン」に戻した。社名には能美防災と同様、「セコム」の文字はない。大いにニッタンらしさを出してほしい、というメッセージが込められているようだ。

同社も能美防災と同じく、自動火災報知設備や消火設備などに関して、研究開発から生産、販売、設計、施工、保守までを一貫して行っており、これまでオフィスビルや官公庁、学校、病院をはじめ、文化財、船舶、航空機など幅広い分野の防災システムを構築してきた。例えば、二〇一二（平成二四）年に住友不動産・新宿グランドタワーに納入した泡消火設備「アクアフォース」など、手掛けた多くの防災設備が「消防庁長官賞」を受賞し、高い評価を得ている。

独立性を尊重した「子会社戦略」

セコムの防災事業は、Ｍ＆Ａ（合併・買収）による事業拡大だけではなく、「子会社戦略」という視点から見ても興味深い。親会社は株式の五〇％以上を持つことで、子会社の株主総会を支配し自由に取締役を決められる。つまり、親会社の思い通りに動いてくれる取締役を送り込むことで、経営をコントロールできるわけである。一九九七（平成九）年に半世紀ぶりに持ち株会社が解禁されてから、流行を追うがごとく、「〇〇ホールディングス（ＨＤ）」なる持ち株会社が乱立している。持ち株会社は、事業は行わず、その傘下にある企業に対して、投資家のスタンスを取る。

では、子会社化は経営にどのような影響を及ぼすのだろうか。実は、「子会社はやる気をなくすので、子会社化しないほうがいい」（加護野忠男・神戸大学名誉教授）と指摘する経営学者も少なくない。その心は、子会社の独立性が失われ、自らイノベーティブな戦略を構築、展開しなくなると懸念されるからだ。たしかに、子会社化され、かつての輝きを失ってしまった企業も少なくない。セコムは、このことを認識しているからか、能美防災とニッタンに対して独立性を尊重している。

生え抜きである板倉秀樹・ニッタン社長の営業出身らしい強い口調から、負けん気がほとばしる。「働いている人たちにとってＭ＆Ａは、実務には直接的な影響がなく、縁遠い話です」。その言葉に遠慮はない。いかにセコムとの相乗効果を探りつつも、社員の幸福のために「ニッタン・ウェイ」を貫く、という意気を感じた。

一方、能美防災の藤井氏も「ニッタンさんは当社が強い道路や工場はほとんどおやりになっていません。逆に船舶分野ではスウェーデン企業と提携され優位に立たれている。しかし、ニッタンさんと当社は積極的に棲み分けをしているわけではありません。切磋琢磨し適正な競合が望ましい」と、穏やかな話し方ながら、「防災業界の雄」の自信を覗かせた。

「三人寄れば文殊の知恵」に期待

板倉氏によると「セコム側とコミュニケーションを密にしているものの、まだ、大きな相乗効果が出てきたとはいえない」とのこと。子会社の独立性を重んじながらも、三社が叡智を結合し、イノベーションが起こるほどの相乗効果が生じれば、両社の子会社化は、適正な競合を超えた果実を生み出すことだろう。

東京二〇二〇オリンピック・パラリンピックに向けて大型物件の建設が相次いでいることから、防災設備に関する需要も急増すると見込まれる。そもそも、防災事業は「検定品」を提供しなくてはならない。つまり、当局の仕様と異なる製品はつくれない。自動車でいえば、サイズが規定されている軽自動車のようなものだ。だが、軽自動車がコンパクトカーの市場を脅かすほど進化を遂げシェアを拡大しているように、制約条件があるからこそ磨かれる知恵もある。例えば、ビッグデータや

AI、IoTを活用した災害時の建物での避難者誘導など新たな商品づくりに「三人寄れば文殊の知恵」が生かされることに期待したい。

メディカル事業

やめなければ失敗にならない

セコムが主力のセキュリティ、防災事業に続く次なる柱に育てようとしているのがメディカル（医療）事業である。そんなにメディカル事業はもうかるのか。近年、売上高営業利益率が一〇％を超えるようになり、同五％前後をさまよっているため、大手電機メーカーなどと比べると立派な数字だが、セキュリティが突出しているため、「メディカル事業などやめて、セキュリティに集中すればいい」と提案する株主もいる。しかし、長期的視点に立ちビジネスを考える企業である。

黎明期から約二〇年間メディカル事業に取り組んでいる布施達朗・セコム医療システム会長（セコム常務取締役）は、「メディカル事業は先行投資型事業で、一〇年近く赤字を出し続けたにもかかわらず、飯田亮・取締役最高顧問がこらえてくれたからこそ今がある」と強調する。飯田氏は多くの名言を残しているが、布施氏の商魂を揺さぶったのは、次の一言だった。「失敗はやめるから失敗。やめなければ失敗にならない」

「生みの母」は現場で遭遇したアクシデント

一九八九（平成元）年に「社会システム産業」というビジネスモデルを標榜した飯田氏にとって、メディカル事業は避けて通れない重要な企業の社会的責任であった。そもそも、メディカル事業に進出するきっかけとなったのは、一九八二（昭和五七）年に、前年に発売したホームセキュリティシステムのオプションとして発売した救急通報システム「マイドクター」である。これは、ペンダント式で救急時に軽く握るだけで救急通報信号をセコム・コントロールセンターに送信するシステム。家庭向けオンライン・セキュリティサービスのオプションとして発売したが、緊急対処員がマイドクターの契約先の家に駆けつけると、家人が心臓発作や脳梗塞、高血圧症などで苦しむアクシデントに出くわすことが少なくなかった。

「お客様の生命と財産を守るという目的は、セキュリティもメディカルも同じ。そこで〝健康をセコムする〟ということになりました」（布施氏）

二〇一六（平成二八）年一二月に発表した、リストバンド型ウェアラブル端末

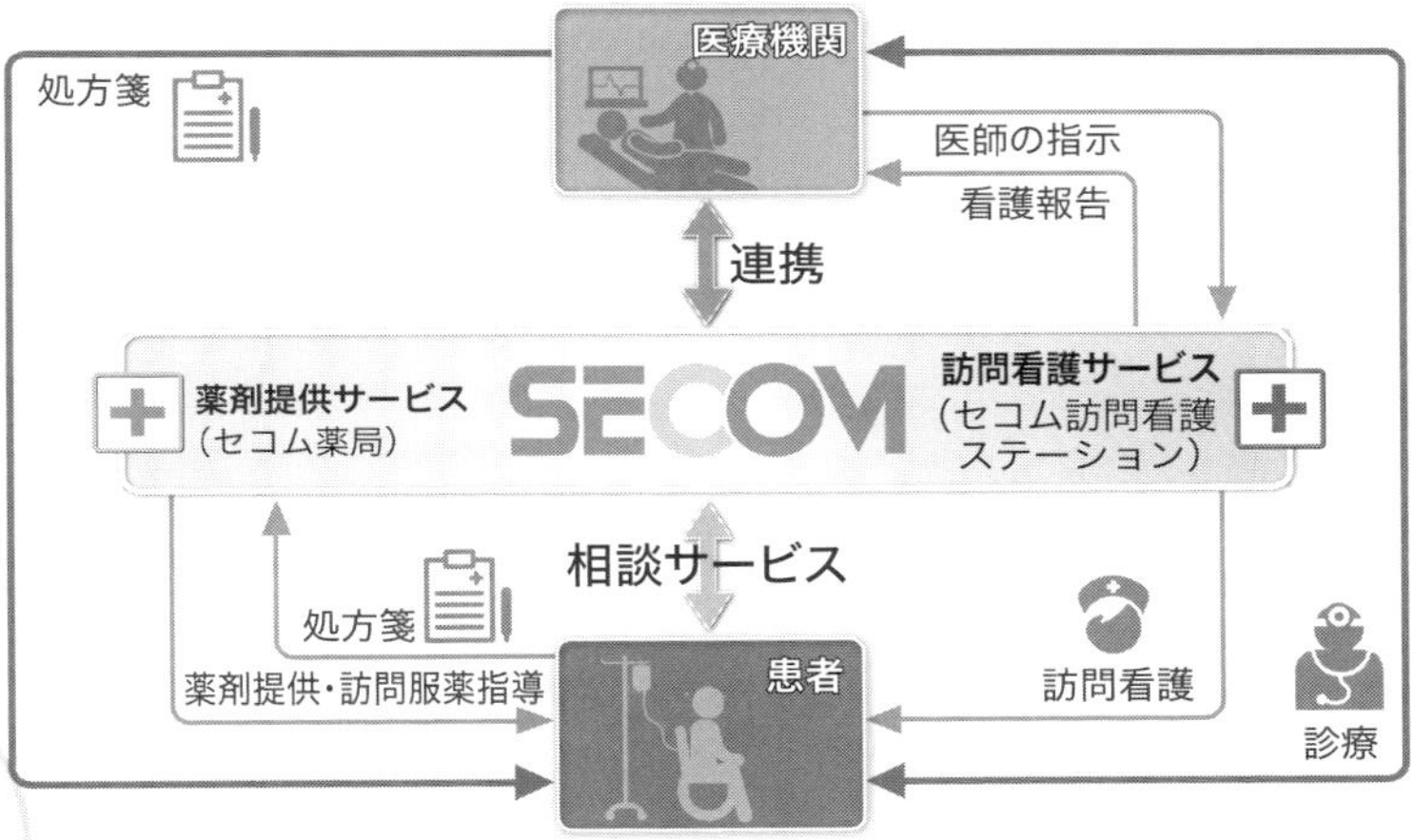

在宅医療サービス体制

「セコム・マイドクターウォッチ」はマイドクターの進化形である。記者会見に登場した中山泰男社長は、「高齢者が脳梗塞、心筋梗塞などで転倒したときは、端末を操作できないこともあるので、転倒を自動で検知し、救急通報を行えるようにした」と語った。

ここで、メディカル事業の沿革を紹介しておこう。ノウハウを取得するため、一九八八（昭和六三）年にアメリカ最大の病院経営会社から救急医療部門を、八九年には全米三位の在宅医療会社を買収。日本でも在宅医療サービスのサポートで患者が住み慣れた家

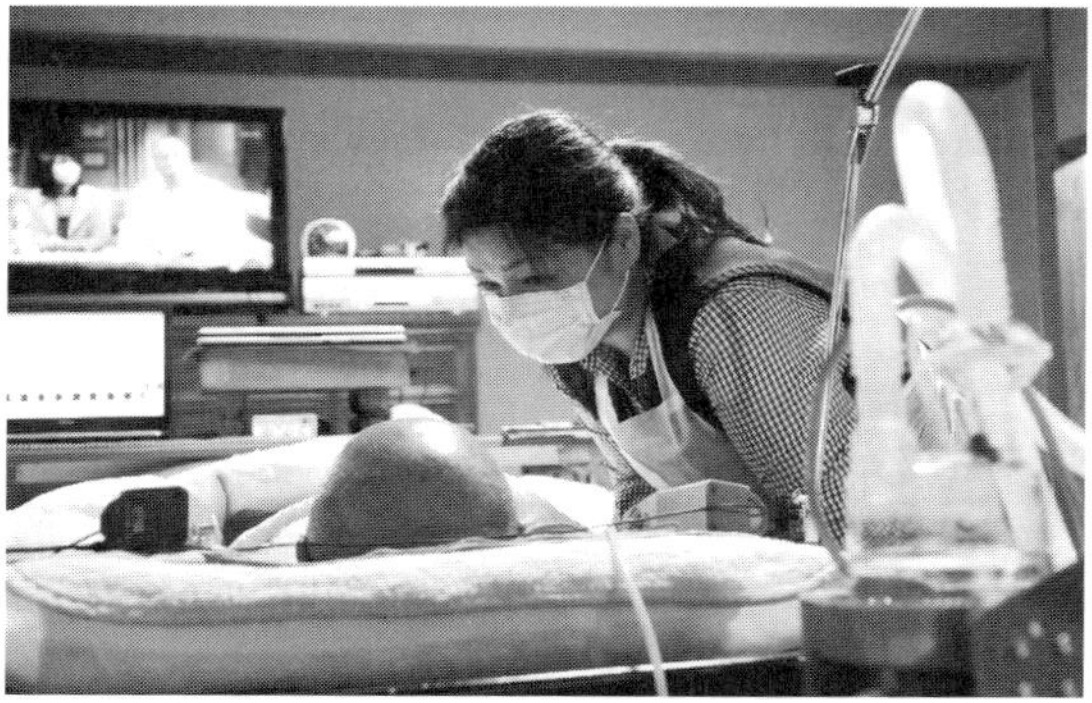

訪問看護サービス

で自宅療養できるようにしたい、と考えるようになった。一九九一年、薬剤提供サービスと訪問看護サービスを開始し、在宅医療のパイオニアとしての地位を築いた。

一九九二（平成四）年には社会福祉法人康和会・久我山病院から要請を受けて病院の運営に参画、一九九四（平成六）年には訪問介護サービスを開始。さらに同年、医療インフラが乏しい地域の患者でも近くの契約クリニック・病院を通じて東京の画像読影の専門医に診断してもらえる遠隔画像診断支援サービス「ホスピネット」をスタートする。二〇〇一（平成一三）年には、クラウド型電子カルテも開発した。有料老人ホームの運営など介護分野でも事業領域を拡大している。

こうした実績が積み重なり、二〇〇二（平成一四）年にはセコムの医療事業部門を分社化し、医療関連グループ会社であるセコム在宅医療システム、セコムケアアサービス、セコム漢方システムと合併し、セコム医療システムとして独立した。

今後の課題は、労働集約型産業である医療を、セコムが得意とするＩＣＴだけではなくＡＩ（人工知能）も活用し、セキュリティが実践した業務の効率化と高度化をいかに進めるかである。また、インドで病院経営するなど、グローバル化も収益面で、牽引車になることだろう。

「知識創造理論」で説明できる新事業創造

セコムのメディカル事業は、知識創造理論の「組織的知識創造のプロセス＝ＳＥＣＩ（セキ）モデル」で説明できる。同事業は「気づき」から始まった。これは、新事業創造、イノベーションには欠かせない。通報を受け駆けつけたセコムの社員たちが、身体五感の直接経験によって暗黙知を獲得し共有した。これを「共同化（Socialization）」という。しかし、気づきはあくまで主観である。そこで、本質を普遍化・言語化・概念化する「表出化（Externalization）」の段階に移る。次に、情報と概念を組み合わせ（「連結化（Combination）」）、体系化、理論化する。これが形式知となり、実際のビジネスが展開される。これが「内面化（Internalization）」である。セコムはこうして、「気づき」をものにしてきたといえよう。

山椒は小粒でもぴりりと辛い

「セコム」は聞くが「セコム損保って聞いたことがないな」という人は少なくないのではないか。それもそのはず。大々的な広告宣伝活動を展開しているわけではないので、「セコムしてますか?」は知っていても「セコム損保していますか?」はまず耳にしない。

現在、国内の損保業界は、三メガ損保グループ(東京海上グループ、MS&ADグループ、SOMPOホールディングス)で日本における損保市場の収入保険料の九割以上を占める寡占化市場となっている。たしかに、セコム損害保険の認知度は低い。この事実は、尾関一郎・セコム損害保険会長(セコム常務取締役)も認めるところだ。ただし実態は「山椒は小粒でもぴりりと辛い」という言い回しがぴったりとくる損害保険会社だといえよう。

ここで、セコム損害保険の概要を紹介しておこう。

一九五〇(昭和二五)年二月に設立された東洋火災海上保険が、一九九八(平成一〇）年九月にセコムグループに入り、セコム東洋損害保険と改称。二〇〇〇（平成一二）年五月に現社名となった。二〇〇四（平成一六）年にはセコムのがん保険と富国生命の医療保険をセットにできるようにするため業務提携した。

セコム損保はグループのシナジー効果を最大限に生かし、信頼感と安定性を備えた独自の存在感のある損害保険会社を目指している。セコムの安全のネットワークを活用した現場急行サービス付きの自動車保険「セコム安心マイカー保険」、セキュリティとの融合を実現した法人向け「火災保険セキュリティ割引」や家庭向け「セコム安心マイホーム保険」を発売。また、健康保険の自己負担分だけではなく、全額自己負担となる先進医療・自由診療についても、がん治療にかかった費用の実額を補償するがん保険「自由診療保険メディコム（ＭＥＤＣＯＭ）」など、法人向けから、個人の住まいや病気に関する損害保険まで多岐にわたる商品を提供している。

自由診療がん保険メディコムのパンフレット

尾関氏は、セコムグループの損保である意義を次のように話す。

「セコムグループにおける損保事業というのは、新たにグループに加わった事業ではなく、セコム創業の頃から表裏一体でやってきたビジネスだと思っています。警備するお客様に万が一のことがあれば、それを補償すべきではないか、という考えは創業期からありました」

小粒なだけに販路にも工夫を凝らした。ファイナンシャルプランナーなどのプロ代理店によるコンサルティング営業に加え、ライフスタイルの変化に合わせたインターネット販売や、銀行窓口での販売など多くのチャネルを持っている。

「インターネット販売の保険会社さんは、代理店をお持ちではありません。対して、セコム損保は代理店経由とネット販売を両面展開しています。火災と自動車保険では、ダイレクト型が不安というお客様も少なくない。その層がわれわれの狙いなのです。セコムだけがもうかっているだけではだめ。お客様はもちろんのこと、代理店の利益にもつながる事業を展開しています」と尾関氏は話す。

損保業界統合の背景としては、金融危機で暴落した証券化商品などの元利払いを保証した金融保証保険で大幅な損失を計上したことや、少子高齢化による国内損保市場の縮小、本業収益である保険引受収益の低下などがあった。加えて、若者の自動車離れ、長引く不況に伴う新車販売の激減、自動車賠償責任保険料の改定などにより、損保市場の主力であった自動車保険が減収したことも統合の大きな要因となっている。一方セコムは、「自動車保険の比率で見ると、大手が六〇％ぐらいであるのに対して、当社は三〇％ほど」（尾関氏）だったことが幸いしている。

下剋上のチャンスはここにあり

このようななかにあってセコム損保はニッチ戦略により勝ち残ろうとしている。具体的には、火災保険に次いで収益の柱になっている第三分野の保険のがん保険「自由診療保険メディコム」を主力商品として打ち出している。同社のがん保険は、治療費実額・入院治療費無制限の補償などの特徴により他社よりも優位に立つ「差別化集中」の戦略を展開しているのが象徴であるといえよう。尾関氏に「下剋上」の作戦について聞くと、「ほとんど説明がいらない商品をつくること」だと答えた。「小粒でもぴりりと辛い山椒」になるためには、営業の効率向上も必須課題。「お客様が倍になっても営業マンを増やさないようにします。そのため、数十億円かけてＩＣＴインフラの整備を行う」という。

ところで、尾関氏は、一九八三（昭和五八）年住友銀行（現三井住友銀行）に入行。二〇〇一（平成一三）年セコム損害保険に入社し、二〇一〇（平成二二）年に社長に就いた。セコムでは序列一八位の執行役員だったが、二〇一六（平成二八）年六月、取締役になり、セコム損害保険社長から会長に昇進。二〇一七（平成二九）年六月、セコム常務取締役に就任。

そこで、常務取締役として、今後のセコムについて聞くと、「創業期にはライバルが存在しませんでした。ここ数年、警備業ではアルソックさんをはじめ多くの警備会社が存在感を増してきています。今後は通信系の会社や総合電機メーカーなども安全・安心のマーケットに参入してくるので競争は激しくなる、とみている」と危機感を示した。

セコムの経営を「安全・安心」とするために、「漫然・慢心」は禁物である。

地理情報サービス事業

空間情報は次世代の必須技術

「パスコを知っていますか」と尋ねると、「パンでしょ」と答える人も少なくないだろう。「敷島製パンのブランドである〝パスコ〟ではなく、セコムグループの一員です」と説明すれば、就職活動中の大学生であっても「知らなかった」と驚くに違

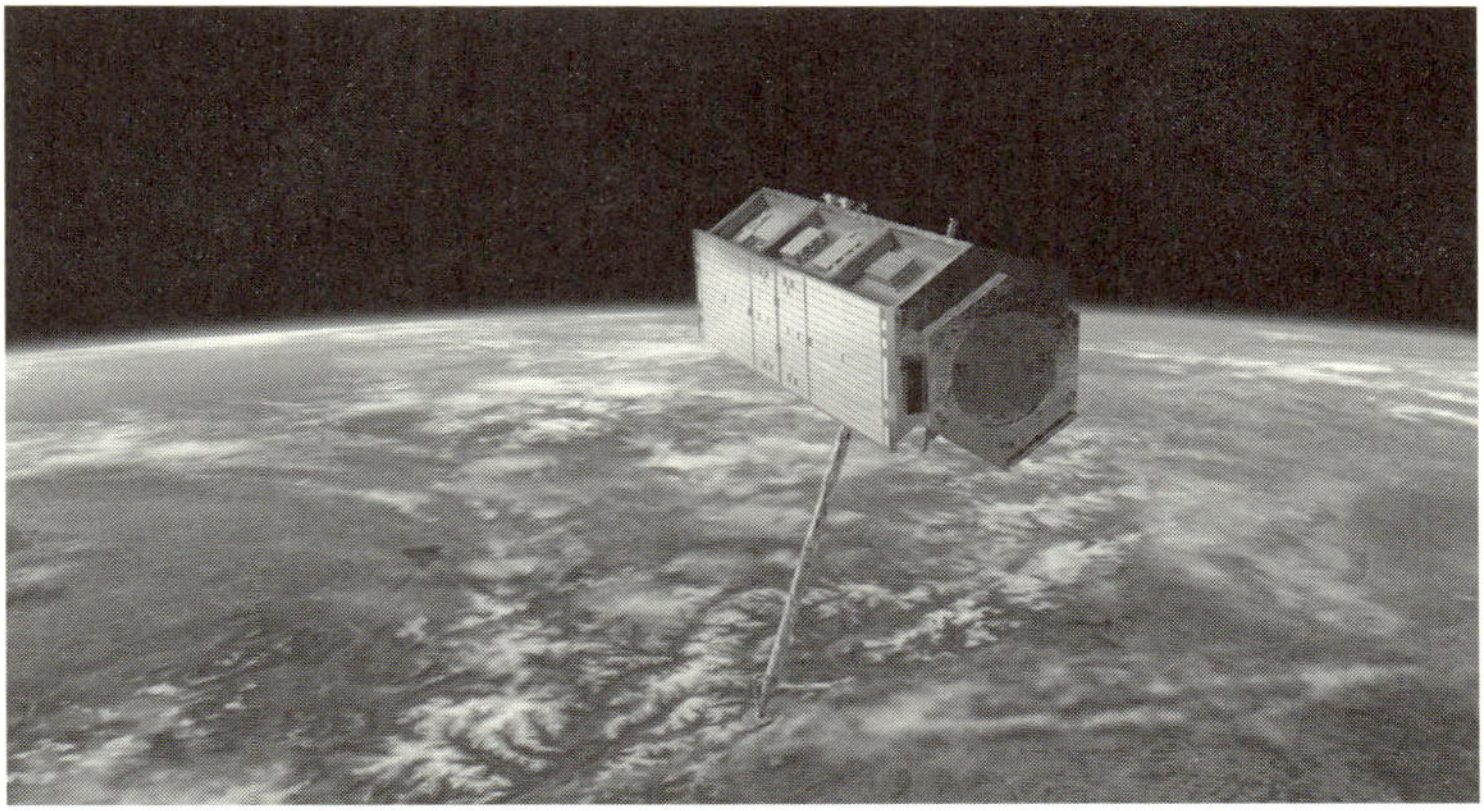

TerraSAR-X　ⓒ DLR

いない。いわば知る人ぞ知る上場（東証一部）企業である。この現状について古川顕一・パスコ社長（セコム常務執行役員）は悔しさを滲ませる。

「災害関連をはじめとした官公需に強いため、官公庁では顔見知りも多く熟知されていても、民間ではほとんど知られていません。これでは、リクルートにも影響し、良い人材が集まりにくい。もっと広報に力を入れなくては」

では、一般的に知られていないパスコの実像とは。航空測量と地理情報システム（GIS）の国内最大手で、世界最高レベルの解像度を持つドイツの地球観測衛星「TerraSAR－X」を主体に三二基の人工衛星データを扱っている。GPS（全地球測位システム）や、携帯電話基地局の電波から得た高精度な位置情報と、航空機や人工衛星を駆使して得た高精度な地図情報を使い、地図データ上に人口や地価、道路網などのデータを加工して視覚化するのが主たる事業である。もっとわかりやく説明すると、「パスコは世の中の地図のベースとなる基本図をつくっていて、一般的な地図はそれにさまざまな情報を重ね合わせて出来上がるわけです」（古川氏）

六割が技術者の「技術集団」

従来は平面的（二次元）な地理情報を使うことが多かった。だが、近年は立体的（三次元）な地理情報を利用するケースが増えてきた。現在、店舗開発や販売促進の戦略立案、最適な配送ルートの提案、災害時の支援システムの販売、電力会社の埋設回線の管理業務、カーナビ用地図の作成など、多様な地理空間情報サービスを企業に提供しているので「地理空間情報システムの先進企業」と表現したほうが、名が体を表している。ちなみに、パスコの社員は六割が技術者という技術集団である。

セコムが一九九九（平成一一）年にパスコを傘下に収めた理由は、「社会システム産業」を構築するための基盤システムになると考えたからである。実際、GISの技術はセコムが二〇〇一（平成一三）年に発売した位置情報提供サービス「ココセコム」の開発にも生かされた。これは、子どもの見守りや徘徊した高齢者の保護を主眼として出発した事業だが、車の盗難後の発見や、貴重品の紛失・盗難の行方特定にも使われている。GPS衛星と携帯電話基地局で得られた位置情報を地図上に表示する上で、パスコの技術が生かされている。

顧客は官から民へ、そして海外へ

パスコは一九五三（昭和二八）年に創業して以来、官公庁に地形図や行政用地図を提供して発展してきた。民間向け事業を積極的に展開し始めたのはセコムグループ入りしてからである。売上高（二〇一七年三月期＝五一七億円）別に見ると、現在、官需が八〇％を占め、民需が一〇％、海外事業が一〇％となっている。このため、「請負仕事が多く、自分たちで商品を考えようとする姿勢が乏しい。ここがセコムと違うところ」と古川社長は危機感を持つ。そこで、打開策として次のようなビジョンを描く。

「官に大きく依存していては先細りになる。少なくとも、さらに三〇年存続する会社にしようとすれば、民と海外での仕事を増やしていかねば。そうすることで、単に測量するだけの仕事から脱皮し、差別化できる要因が見えてきます」

古川氏は、事業部間でコミュニケーション不足になっていた縦割り組織の弊害に気づき、二〇一六（平成二八）年六月の社長就任から間もなくして改革を開始。各部署が取り組んでいる仕事をアピールし合い、社内リクルート制度も開始することで、既存の実践知（職場の叡知）が結合しイノベーションが生まれるようにした。

一方、人材育成も拡充する。パスコには、技術に詳しい人は多いが、リーダー、経営人材が十分育っていなかった。そこで、社内の若手二〇人を選抜し、一年を通して金、土、日曜日を活用して「PASCO大学」なる企業内大学を開講している。セコムの企画部門を経験した古川氏は「現在ない経営企画部門を新たに設け、その機能を高めたい」と経営力の強化に意欲を見せる。

近年、現在持つ経営資源を生かしながら、主要市場をB to C（企業対消費者間取引）からB to B（企業間取引）へ移そうとする企業が目立つ。いわゆる、リロケーション（転地）という経営戦略である。パスコの場合は、B to G（企業対行政間取引）中心からB to B、B to Cの比率を増やそうとしている。これは、セコムがセキュリティビジネスで、企業をはじめとする法人に続いてB to C市場を開拓し、いまや両比率を逆転させた経営戦略に似ている。同社がリロケーションを実現する上でもイノベーション人材、次世代を担う変革型経営の育成は焦眉の急である。官から民へ、そして海外へ。「古川構造改革」が成功したとき、門外漢でも「空からセコムしている会社でしょ」といってくれるようになるだろう。

情報通信事業

IoT時代に表と裏の競争力

セコムにとって情報通信は二つの顔を持っている。一つは、セコムグループの各事業を支える裏方であり、もう一つは、情報通信自体を独立した事業として主導する主役としての役柄である。

企業には、表（表層）と裏（真相）の競争力がある。セコムと聞けば、多くの人が「警備会社でしょ」と答えるように、表の顔はセキュリティ事業である。そして、その関連領域として、防災事業、メディカル事業、保険事業、地理情報サービス事業、不動産事業、国際事業などがセキュリティに続く表の競争力として力をつけつつある。しかし、それらを支え、束ねている裏の競争力が情報通信事業である。

それぞれの事業が、臨機応変に結びつき相乗効果を発揮しようとする上で、情報通信事業を担当するセコムトラストシステムズは、〝ALL SECOM〟戦略の要であり、セコムが目指す「社会システム産業」の戦略基地に相当する。

その意味では、セコムの子会社であるパスコの地理情報サービスも裏の競争力といえるが、同社もセコムトラストシステムズの裏の競争力を活用している。裏の競争力は、ビッグデータ、IoT（モノのインターネット）の時代を迎え、ますます重要度を高めている。セキュリティという労働集約的だった業務にICT（情報通信技術）を活用し成長してきたセコムは、IoTの先駆者といえよう。情報通信事業として独立したのは、一九八三（昭和五八）年に都市型CATV会社を設立したことに始まる。その後、一九八五（昭和六〇）年にNTTと合弁で日本コンピュータセキュリティを設立し情報セキュリティ会社の先駆けとして発展を遂げる。もともと、セキュリティ事業の基盤として全国規模の情報通信ネットワークを築いていたので、情報通信事業を拡充する上での経営資源は整っていた。そこで、二〇〇六（平成一八）年五月、セコムグループ内の二社が合併して、セコムグループの情報通信事業の中核企業としてセコムトラストシステムズが誕生した。

ビッグデータ時代の三役

主な事業内容は、①情報セキュリティサービス ②大規模災害対策サービス ③ビジネスシステムの構築運用——の三つである。

まず、「情報セキュリティサービス」は、コンピューターウィルス感染や障害発生時などの緊急事態に柔軟に対応するプロフェッショナルサポートサービスから、情報漏えい対策に関するコンサルティング、電子認証、セキュアデータセンター、セキュリティ診断、セキュリティ監視などの情報セキュリティサービスを提供。機動力を誇るセコムならではの「サイバー消防団」（情報漏えい、サイバー犯罪発生時にSEのチームが現場に駆けつけ対応）も待機。加えて、情報漏えい対策としても多彩なサービスラインナップを用意している。

「大規模災害対策サービス」は、BCP（事業継続計画）作成のコンサルティングから、大規模災害発生時の「セコム初動支援サービス」、災害発生時に社員・家族の安否を確認する「セコム安否確認サービス」、海外渡航中の社員・家族の安否を見守る「セコム安否確認サービスGS」、取引先の被災状況をつかむ「セコム安否確認サービスSCM」、電子データを隔地に保管する「セコム電子データ保管サービス」まで、大規模災害発生時の事業継続や事業再開に向けた各種サービスを提供している。特に、セコム安否確認サービスは約六三〇〇社、約五七〇万人に利用され、この分野で最大規模の安否確認サービスとして定評がある。

「ビジネスシステムの構築運用」に関しては、基幹系システム、ビジネスシステム、営業支援システム、Webシステムなど、企業の競争力を高めるシステムを開発。さらに、ネットワークの設計から構築・運用までを担う。システムの稼働状況を二四時間三六五日監視し、フルタイムでサポートしている事業戦略は、まさに、「情報ネットワークのガードマン」の役割を果たしている。

情報ネットワークのガードマン

そして、近年注目されているのが、データセンター事業者としての顔である。データセンター事業は、今後、大きな成長が見込まれる。東日本大震災以降、BCPだけではなくコスト面を考えても、自社でデータセンターを持つのではなく、信頼できる「情報ネットワークのガードマン」に任せたほうが合理的であると考える企業が増えてきたからだ。こうした需要増に対応するため、二〇一二（平成二四）年一〇月、大規模データセンター事業者のアット東京の五〇・九％の株式を東京電力

セキュアデータセンターのサーバー

から買収し子会社化した。この時点で、セコムが運用するデータセンターの総延床面積は二三万平方メートルとなり、国内最大級のデータセンター事業者に躍り出た。これにより、情報通信事業は、セキュリティ、防災、メディカル（医療）などに続く、セコムの有力事業になった。

林慶司・セコムトラストシステムズ社長は「大規模サーバー群を収容できるアット東京は、部屋単位で貸出を行う。対して、当社のセキュアデータセンターは一台のサーバーから貸し出す」と両社の役割分担を明確にしている。今後は、裏の競争力だけではなく、表の競争力をより一層強めていくことだろう。

不動産・その他事業

「ALL SECOM」の実験場

セコムのドメイン（事業領域）は、大きく分けて、B to B（企業間取引）とB to C（企業対消費者間取引）の二つがある。企業向けセキュリティを主要市場として急成長を遂げたが、契約件数から見ると、今では、B to Cのほうが多くなっている。「セコムしてますか？」というフレーズが、長嶋茂雄・読売ジャイアンツ終身名誉監督が登場するテレビCMで知られるようになったように、世の中での〝SECOM〟の顔はB to C企業である。近年、B to B企業がテレビCMを展開するようになってきた。いったい狙いは何なのか。世界中のどの会社にも負けない製品、事業を擁するこれらの企業の悩みの種は、一般的には知名度があまり高くないこと。リクルートや従業員の士気高揚も含めて、広く世間で認められるか否かは、企業価値を大きく左右する要因となる。だからこそ、広報、IR（投資家向け広報）、宣伝、CSR（企業の社会的責任）などによる「レピュテーション・マネジメント」、つまり、評判を形成する経営戦略が近年注目されているのである。

　評判を形成する上で圧倒的に有利なのは、毎日顧客の目に触れる商品を持つ会社である。かつてはテレビがその象徴的存在だった。自動車には乗らない日があっても、テレビを見ない日はないという人は多いだろう。スマホに至っては毎日どころか、常時見ている人々を街でも見かける。では〝SECOM〟をより身近に感じてもらう事業は何か。その答えは意外と思われるかもしれないが、不動産事業である。

グローリオ蘆花公園

　不動産事業の中核であるセコムホームライフ（山下英一社長）が首都圏を中心に展開する「グローリオ」マンションでは、毎日、SECOMと暮らすことになる。最新のセキュリティシステムはもちろん、防災システムや二四時間フリーダイヤル電話相談サービス「グローリオ・サポート24」など、セコムグループのネットワークを生かし、「安全・安心・快適・便利」に暮らせる住環境を提供。セコム医療システムの訪問看護や薬剤提供といった在宅医療サービスも依頼できる。同社の不動産事業はこのニッチ戦略を展開し大手と差別化しているのである。「グローリオ」マンションは〝ALL SECOM〟戦略で目指す各事業の相乗効果を示したショールームでありそれを具現化した集大成ともいえよう。

一方、かつての「ニュータウン」が「オールドタウン」になった今、超高齢社会は大きな社会的問題である。「社会システム産業」を掲げるセコムとしては、人口構成で最大比率となった高齢者に対応するビジネスは、有望な市場となる。

高齢者向けホームコンシェルジュの実態

この市場で、生みの苦しみを感じながらも奮闘するセコムの人たちを東京都杉並区久我山で目にした。京王井の頭線久我山駅から徒歩二分。二〇一五（平成二七）年四月にオープンした「セコム暮らしのパートナー久我山」がある。地域に住む高齢者、またその家族から暮らしの困りごとをすべてワンストップで受け止めて、真摯に解決の手伝いをするお店だ。

当初、一〇カ月のトライアル期間に、「身体機能の低下に伴い自分でできることが次第に少なくなった」、「自分の周りに頼る人も減ってきた」、「自分に合ったサービスの情報を集めることが難しくなってきた」などさまざまな相談を受け付けた。しかもこれらの相談は、直接顔を合わせて初めて聞けたものがほとんどだという。そして、相談を受けたスタッフは、高齢者が住み慣れた自宅に住み続けることをあきらめそうになる現状を目の当たりにする。

その体験から生まれたサービスが「セコム・マイホームコンシェルジュ」。日常生活の困りごとなどの相談を受けて、ちょっとした軽作業であれば、専任スタッフが本人の生活状況を確認しながら手伝う。必要に応じて専門業者や専門家の情報を調べて取り次ぐ。定期的に訪問し、家族へのレポート配信、防犯および地域情報の提供、見守り・駆け付けにも対応している。いわば、サービス付き高齢者住宅（サ高住）を在宅型で展開する試みである。

高齢者からの「住み慣れた自宅でいつまでも安心して暮らしたい」気持ちに応えているのはもちろんのこと、日中は仕事で自宅にいない若い同居家族や、離れて暮らす家族からも好評で、レポートを読むことで「家族が身近にいるようで、大変心強かった」との声をもらうという。

高齢化が一層進み、国全体の介護保険に充てる財源も減るなかで、自宅で暮らすために必要なサービスの選択肢が増えることは、高齢者生活の多様性を生み、施設不足の課題にも対応する。併せて高齢者を支える側の『介護離職』への解決にもつながる。

プロジェクトリーダーの勝亦真一氏は「まだプロフィットセンターになっていない」というが、この事業を展開して得た新たな発見は、「社会システム産業」のイノベーションを生む種ともなる。

そうなれば、社会システム産業はさらに充実した強固なものとなるだろう。

c h a p t e r 4

第４章

セコムグループの研究開発戦略

人的警備をオンライン機械警備に発展させてセキュリティ業界に革命を起こしたセコム。どのように技術、商品、サービスの研究開発を行っているのだろうか。セコムの研究開発の心臓部である「IS 研究所」「開発センター」に乗り込んで最先端技術を体感したほか、研究開発の要諦を探った。

岡山商科大学教授（経営学部長）
神戸大学経済経営研究所リサーチフェロー
長田 貴仁

飛行船が監視、ドローンが追跡

ドローンとその検知システム、飛行船、ウェアラブルカメラ、３Ｄ立体画像……。最近のセコムの〝新兵器〟は最新技術のオンパレードといえよう。これらを生み出しているのが「セコムＩＳ研究所」、「セコム開発センター」の二大研究開発拠点である。両拠点を訪ねてみると――。

頭上にはＳＥＣＯＭのロゴがはっきりとわかる「セコム飛行船」（デモ用小型機）が。そして、ブーンのいう音が聞こえたかと思うと、幅五七〇×高さ二二五×奥行き五七〇ミリメートル、重さは二・二キログラムの「セコムドローン」が飛行高度三～五メートルをぐるぐると旋回する。飛行音を聞いただけで、威圧感を覚える。開発センターのデモルームでのワンシーンだ。「使い方を具体的に説明しましょう」と、説明員がビデオを見せてくれた。

ビデオでは広い敷地の工場へ、車で怪しきやからが侵入。高精細監視・熱画像カメラとＬＥＤライトを搭載したセコムドローンが発進し、侵入異常発生時に対象の車や人に上空から接近、近距離で車の周囲を飛行する。そして、車のナンバーや車種、ボディカラー、人の顔や身なりなどを撮影。この画像をいち早く無線で、二四時間三六五日稼働するセコムのコントロールセンターに送信する。こっそり撮られている固定式監視カメラとは異なり、獰猛な番犬に追われている感覚だ。このセコムドローンは契約者の敷地内しか飛行しない。飛行が終わると番犬の如く犬小屋（充電機能付き格納庫）に戻る。現在は自動巡回（パトロール）機能も備えている。

セコムドローンは、民間防犯用としては世界初の自律型飛行監視ロボット。これを利用したサービスを二〇一五（平成二七）年一二月一一日から開始した。

セコム飛行船（上）とドローンポート（格納庫）から離陸したセコムドローン（下）

一方、セコム飛行船は、全長約二〇メートル、最大径約五・七メートル、最高速度は時速約五〇キロメートルで高度約一〇〇メートルを飛ぶ。連続飛行時間は二時間。自律型飛行船のため人の操縦は不要。ゴンドラには、カメラ、範囲を限定して伝える指向性スピーカー、サーチライト、状態表示灯などの機器を搭載する。

例えば、イベント会場でセキュリティ対策をする場合、会場内全体に監視カメラを設置するのは困難だが、セコム飛行船は上空にとどまって広域を俯瞰して監視することができる。セコム飛行船が不審者を発見すると、危機管理センターに不審者の映像を自動で送信し、将来はセコムドローンを飛ばし、現場へ急行させることも可能。飛行船が撮影した実際の風景は、ゴーグル型の端末を地上の監視員が装着することで、首の動きに合わせて周囲三六〇度を見渡せる技術も確立した。

すでに実績を上げており、二〇一六（平成二八）年には二月の「東京マラソン２０１６」、五月の「G7伊勢志摩サミット」で上空から不審者や不審船の監視を行った。特に、近年増えつつあるマラソンのようなシチュエーションでは事実上地上だけの監視では不十分。飛行船、ドローン、地上の固定監視カメラがうまく連携することで、テロ対策や防災時の情報収集・発信、監視、通信に役立てようと考えている。

セコムドローンとセコム飛行船は、セコムが長年培ってきた画像認識技術やセンシング技術や防犯・飛行ロボット技術を駆使し、独自のコンセプト、ノウハウにより開発された。これらの研究開発・商品化に当たっては、セコムのＩＳ研究所と開発センターの技術力とセキュリティサービス・ネットワークに加え、情報セキュリティ技術、３Ｄ空間情報技術など、セコムグループの技術力を結集した。セコムが現在推進している各事業の相乗効果を発揮する経営戦略「ＡＬＬ ＳＥＣＯＭ」の結晶といえよう。

メーカーとは異なる「R&D思想」

IS 研究所が入る SC センター

研究開発部門は、草創期から自社体制の構築に取り組んできた。現在、中長期的な視点で自社の基盤技術の研究を行うＩＳ研究所と、ここ数年で市場に投入するシステム・機器の技術開発を行う開発センターは夫婦のような関係にあり、ビルも向かいあって位置している。

ＩＳ研究所は、「セキュリティ」「メディカル」「情報セキュリティ」など幅広い分野の研究を行い、約一三〇人の研究員で構成されている。各分野の専門家が連携し、「安全・安心・快適・便利」な新しい社会システムを実現するための設計図を描き、運用までを考慮した検証実験を行っている。

小松崎常夫・常務執行役員ＩＳ研究所長（現顧問）は、「いざというときに役に立つサービスを生み出すためには、常日頃から関連技術を高めておくことは基本ですが、生活空間という一見、空気のように当たり前でありながら、その実、難しく奥深い世界をどこまでも深く理解する観察力、分析力が不可欠です。そこに潜む不安をいち早く研究テーマ化できるかが重要であると、考えています」と述べる。

一方、開発センターは、約二五〇人の開発スタッフを抱え、新しいセキュリティシステムや商品企画を行い、それに必要なシステムを開発する。そのキーワードは、先進性、独創性、信頼性である。家庭用から大規模施設向けまでの安全システム、センサー開発、出入管理・監視・消火のシステムから、医療・健康関連システムに至るまで、社会のニーズに適合したシステムや商品を次々に生み出している。

合わせて約三八〇人の研究開発スタッフを抱えると聞けば、メーカーかと思ってしまう。こと、セキュリティの同業他社ではセコムと同様の研究開発体制を有している企業は皆無である。では、メーカーの研究開発部門とセコムのＩＳ研究所、開発センターはどのように違うのだろうか。

その解は、進藤健輔・執行役員技術開発本部本部長兼開発センター長の説明で明らかだ。

「私たちが開発をするに当たって大切にしているのは、『この技術を生かして何かできないか』という発想ではなく、『今、あるいは今後、世の中に必要なサービスは何か』という発想です」

この発想は、ユーザーが直面する課題に対して、自らの利用のために製品やサービスを創造や改良する「ユーザーイノベーション」と解釈できる。一九七〇年代になって、エリック・フォン・ヒッペルにより、初めてユーザーイノベーションの存在が明らかにされ、さまざまな研究成果が発表された。ここでいう「ユーザー」は必ずしも個人消費者とは限らず、企業も含まれている。

開発センターの入る TE センター

セコムの研究開発行動を紐解いてみると、主力事業のセキュリティであれば、ユーザーは企業をはじめとする法人と個人の両方だ。常にそれらユーザーの声を聞き、その要求に応えようとしている。その際、多くは企業ユーザーから、「こんな警備ができたらいいのに」といった要望を突き付けられることだろう。個人ユーザーからも同様の声が聞かれるが、企業からは技術的により高度な要求が突き付けられる。その場合、徹底してセコム社内で議論することより、プロの叡智をベースにイノベーションが生まれる。

「まねできないぐらいのことをやれ」

一方、セコム自体もユーザーである。同社は決して「自前主義」ではない。外部のこれぞという技術を買い、組み合わせている。つまり、セコムが「プロのユーザー」としてユーザーイノベーションを起こす主導役を務めているという見方もできる。機器、部品、ソフトなどを売り込もうとする業者にとっては、セコムはユーザーイノベーションを行う上でベストな相手となる。ユーザーイノベーションで最高の結果を生み出すには、売り手となるメーカーと同等、いやそれ以上の知恵、技術、情報を持つユーザーであることが理想ではないか。その理想的な関係が、セコムの研究開発を取り巻く環境には存在していると考えられる。

さて、セコムは「自前主義」ではないと書いたが、そもそも、同社が純然たる警備会社であった当時から研究開発に力を入れ始めたのは、創業者・飯田亮氏の「自ら取り組まなければ妥協してしまう」という根底思想があったからだ。かといって、自前主義にならなかったのは、サービス業である大前提があり、技術は使うものであっても、使われるものであってはいけない、という信念に拠るところが大きい。結果的に「自前主義の危機」を想定していたことになる。ちなみに、自前主義とは、別名、ＮＩＨ（Not Invented Here）症候群とも呼ばれ、自社の殻に閉じこもり、社外にある優れた技術、知恵を取り入れない現象を指す。

このような研究開発の姿勢から、当然の流れとして、セコムは「オープンイノベーション」に力を入れている。その定義は、社内と社外のアイデアを結合して、新たなイノベーションを創造することである。ただし、ここで注意しておかなくてはならないのは、「ただ乗り」である。例えば、セコムの社員が他社の人と密に交流しているうちに、スピンアウトしてしまうとする。そのとき、セコムの機密情報が簡単に流出してしまう危険性が存在する。逆の場合、つまりセコムと交流する他社も然りである。法的守秘義務も含めて、オープンイノベーションには厳格な対応が求められる。

小松崎氏は「飯田亮がいう『まねできないぐらいのことをやれ』という姿勢が大切です」と力を込めた。

省力化ではなく「力の増幅」

「まねできないぐらいのこと」を最初に実践したのは、いうまでもなく日本で初めての民間警備会社を創業したこと。次のステップが警備の機械化である。

そもそも、警備会社だったセコムが「技術」をコアコンピタンスにし始めたのは、一九六〇年代後半である。まだＮＴＴが日本電信電話公社（電電公社）の時代、後の「通信の自由化」を巡る動きが少しずつ出てきたなかで、飯田氏が通信を警備に生かせないかと発想した。このとき使ったのが電電公社の専用回線で、センサーもそれに合わせて開発した。もちろん回線品質は現在のインターネットとは比べものにならないほど劣っていたが、離れた場所を警備するには必要十分であった。

なぜ、飯田氏はこのようなイノベーションに挑戦したのだろうか。ある施設に警備員を二四時間体制で配置しようとすれば、交代要員や勤務時間や有給休暇などを考慮すると、五人の人員を確保しなければならない。この体制のまま顧客のニーズに応えようとすると、セコムは今、国内に約二二〇万件以上の契約件数があるので、一〇〇〇万人以上の警備員が必要になってくる。これでは、契約数が増え続ければ、売り上げが増えても利益率は向上しないし、下手をすれば赤字に陥る。

この論理からは、人減らし、省人化を思い浮かべるかもしれない。いや、そうではない。筆者が小松崎氏にインタビューしたとき、「省力化」という言葉を何気なく使った。すると、すかさず「省力化は考えていません」と否定した。「省力化なんて言葉を使われると人は楽しくないものです。もちろん、人の心理への配慮もありますが、それ以上に、人の行動には必ず隙間があります。その隙間をなくせば、現状の何倍もの仕事ができるはずです」と付け加えた。

事実、飯田氏には、闇雲に人員を増やしたくないという前提があったかもしれないが、そのためには、現在いる従業員一人当たりの能力を高めなくてはならない。小松崎は「アンプリファイ（増幅）という表現がより適切かと思います」と話す。機械が人の力を増幅する、ということである。

人の数は国力といわれるが、日本は二〇〇八（平成二〇）年から人口減少し、本格的な少子高齢社会に突入した。人の力を増幅せざるを得ない状況である。この問題を解決する上で、ＩＣＴ（情報通信技術）が大きな力を発揮する。また将来的にはＡＩ（人工知能）が大きく貢献するかもしれない。これらの技術が人の仕事を奪うのではなく、余裕を生み、人はより高度かつ重要な仕事に従事できることを意味しているのである。

「IoT」の先駆者

セコムのオンライン・セキュリティは、国内は家庭・法人合わせて二二三万七〇〇〇件の契約者が利用（二〇一七年三月末現在）。窓やドアなどに約六〇〇〇万個以上のセンサーが設置される。一九六六（昭和四一）年に日本初のオンライン警備システムを導入したセコムは、あらゆる物がインターネットにつながり新たなサービス、ビジネスモデルを実現する「IoT（モノのインターネット）」をこのときに事実上実用化していたといえよう。セキュリティ、超高齢社会、災害・BCP・環境の三つがセコムのビジネスドメインだが、大地震を含む広範な自然災害については、研究の余地が多く残されている。この分野こそ、人が入り込めないシチュエーションが多い。だからこそ、「人の力の増幅」がより求められる。

加えて、IS研究所には「安全・安心のための基幹プロセス」なるものがある。それは、①小さな変化の発見 ②変化の意味の理解 ③迅速な対応――などの三要素から構成されている。ビッグデータやAIを活用しても、これらの三要素、つまり、人間の知性や閃きが俊敏に働かなくてはベストな対策は講じられない。

chapter 5

第5章

セコムグループの国際戦略

セコムは海外売上高比率だけを見ると海外展開が大きく進展しているとはいえない。だが、1978年に台湾で始まった国際事業はその後、進出先は21の国・地域にのぼっている。セコムグループの国際事業の今と将来とは――。

岡山商科大学教授（経営学部長）
神戸大学経済経営研究所リサーチフェロー
長田 貴仁

海外で認められた「セコム方式」

セコムはグローバル企業なのか。売上高比率だけを見ると五・二%(二〇一七年三月期)である。二〇〇七(平成九)年は二・九%だったからこの一〇年で倍増しているものの規模は小さい。同じ日本企業でも、七〇%を超えるトヨタ自動車、ソニー、キヤノンなどのグローバル企業と比べれば、その差が浮き彫りとなる。国際事業を統括する佐藤貞宏・執行役員でさえ「ドメスティックな会社なので」と話す。しかし、その実態を見ると数字以上にグローバル化は進んでいるのである。

セキュリティ事業は、国内同様、主力のオンライン・セキュリティシステムを中心に一二の国と地域で展開している。一九七八(昭和五三)年一月、台湾の国産実業グループと合弁で中興保全股份有限公司(現在、台湾株式市場上場)を、続いて、一九八一(昭和五六)年一月には韓国にサムスン・グループとの合弁会社エスワン(現在、韓国証券取引所上場)を設立した。中国においては、一九九二(平成四)年一二月に持ち株会社の西科姆中国有限公司(北京市)を第一号に、怒涛の対中進出を図り、現在では、一三社を有し、主要二五都市でセキュリティサービス・ネットワークを構築している。東南アジア、オセアニアでも急激に勢力を伸ばしており、タイ、マレーシア、シンガポール、インドネシア（二社）、ベトナム（二社）、ミャンマー、オーストラリア、ニュージーランドで「SECOM」のロゴをつけた車が走る光景を見る。欧州では、一九九六（平成八）年からイギリス全土でオンライン・セキュリティ事業を展開している。海外でのセコムの契約数は、二〇一七（平成二九）年三月末現在で、日本の法人契約の約八割に当たる八〇万六〇〇〇件にまで増えた。

　セキュリティ以外の事業はどうだろう。セコム傘下で地理情報サービス事業を展開しているパスコも、二〇〇四（平成一六）年にフィンランドの測量会社フィンマップを子会社化したのに始まり、現在ではタイ、インドネシア、フィリピン、ラオス、ベトナム、中国、ベルギー、フィンランド、アメリカ、ブラジルの一〇カ国に拠点を設置し、五大陸で営業を展開している。

上海西科姆保安服務有限公司（中国）の緊急対処員と緊急対処車両

　同じくグループ企業のグローバル化も顕著。防災事業の能美防災は、一九九〇年代に日本の大手建設会社などが東南アジアや中東で建設プロジェクトを手掛けた際、能美防災

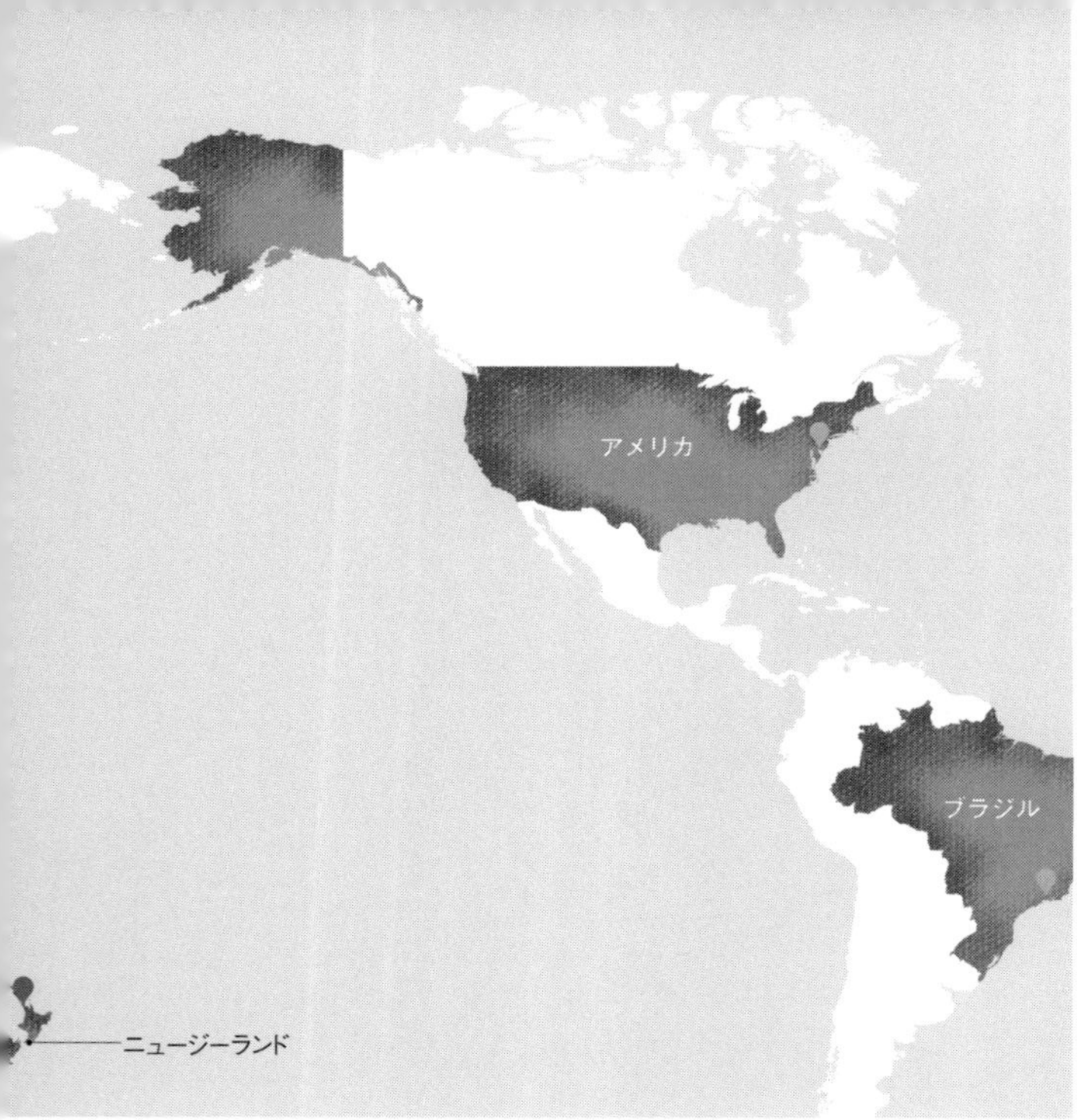

の日本国内での防災システムの実績が評価され、本格的に海外進出を開始した。現在では、台湾、中国、インド、アラブ首長国連邦、シンガポールに現地事務所を置き、日本の高品質な防災システムをさまざまな施設に提供。同じく防災事業を手掛けるニッタンは、イギリス、スウェーデン、中国、ベトナムの四カ国・地域に現地法人を置き、防災機器の設計、販売からコンサルティングまで幅広く手掛けている。

特に欧州では、一九七二（昭和四七）年にイギリスへ進出し煙感知器、熱感知器を生産、販売。欧州全域だけではなく、アフリカ、中近東向け

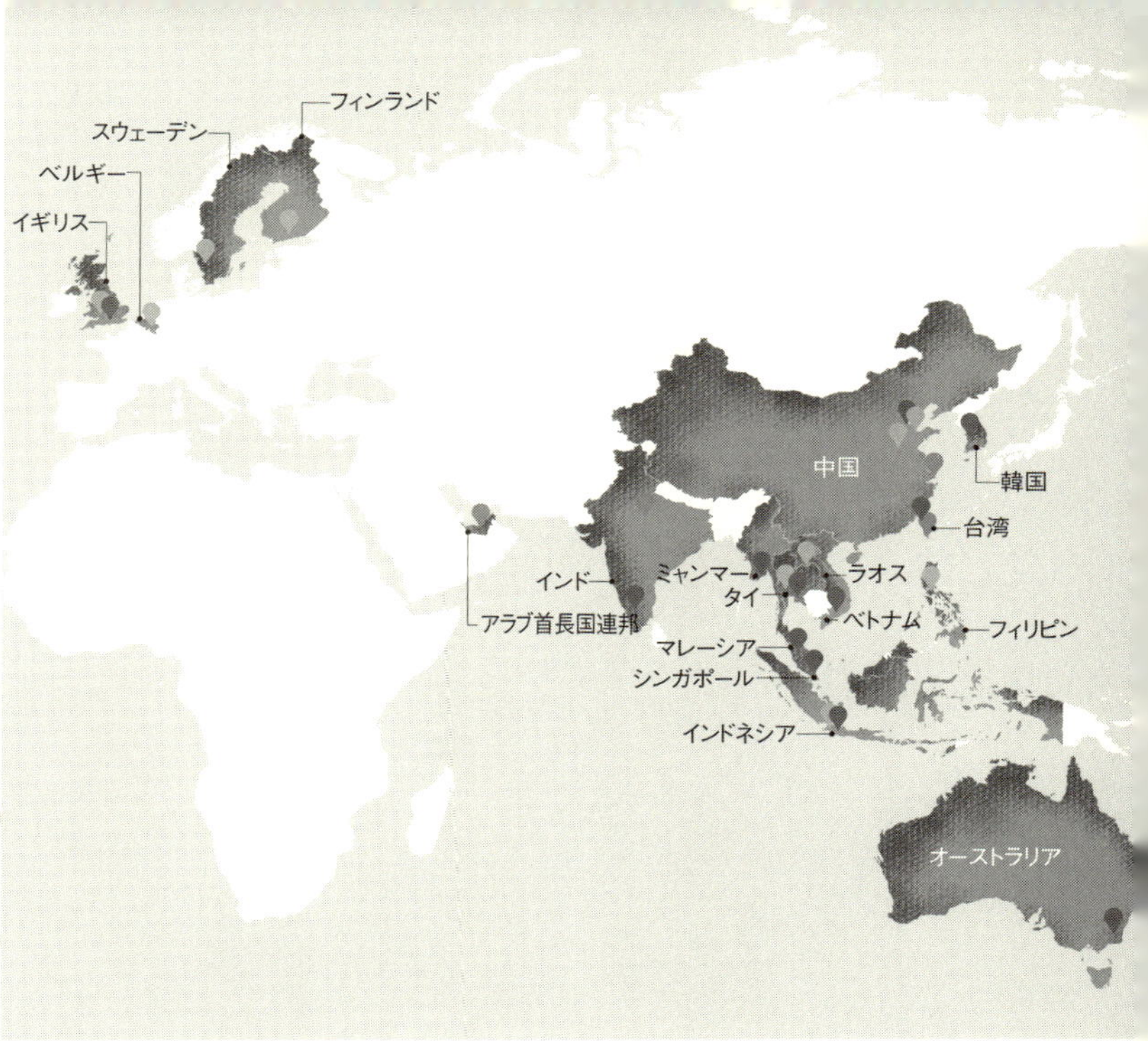

セコムグループの進出先

に多くの実績を有している。

　セコムは今後、まず、アジア・オセアニアを集中的に開拓していく計画。例えば、ミャンマーだ。最大市場のヤンゴンで、同国初のオンライン・セキュリティシステムを提供。日系・外資系・現地資本の大手金融機関にオンライン・セキュリティシステムを導入するなど、発展する同国経済とともに業容を拡大している。さらに、セコムは、欧米での事業拡大を足がかりに、その他の地域に進出していこうとしている。いわば、

「地域を絞ったグローバル化」である。

日本でもそうであったが、最初は労働集約の人的警備からスタートし、徐々に機械化されたオンライン・セキュリティへ移行。そして、ほかの事業分野へと範囲を拡大していく計画だ。佐藤氏はセキュリティ事業の将来像をこう描く。「現地で喜ばれるビジネスを展開し、アジアで圧倒的な地位を獲得。上海、香港、シンガポール市場に上場し、アジアの企業となっているのではないか」

日本のデパートを見学する理由

なぜ、セキュリティは「日本発」のビジネスではないのに、「日本初」のセキュリティを実現したセコムが海外で受け入れられたのだろうか。その要因は、欧米とセコム（日本）のセキュリティシステムのビジネスモデルの違いが大きい。欧米ではセキュリティ機器の開発・製造と販売の企業が異なるほか、機器取り付け工事、遠隔監視、緊急対処もそれぞれ別の企業が行う分業体制である一方、セコムは「セキュリティはサービスの提供である」という考え方に徹して国内同様に一貫して責任を持つ体制にこだわり、これを海外にも導入してきたからである。

欧米の分業体制だと機器購入から実際に警備が稼働するまで時間がかかること

もしばしばだ。「セコム方式」ならセキュリティをお願いしたいと思えば、それを熟知したセコムが研究開発した機器をどのように設置すればいいかを、営業マンが顧客のニーズに応じて提案する。契約が成立すれば、すぐに機器の設置工事に取り掛かる。それが完了次第、セコムがコントロールセンターから異常を監視（モニタリング）する態勢に入る。もし、異常が発生すれば、緊急対処員（警備員）が緊急対応する、という流れである。このセコム方式が各国で高い評価を得るとともに、世界の中でもハイテクを活用したユニークでクオリティが高いセキュリティ企業グループ、との評価が定着している。セコムが作り上げた日本では当たり前のセキュリティのビジネスモデルが海外で大いに受け入れられている、ということである。

このように、日本ではごく当たり前となってい

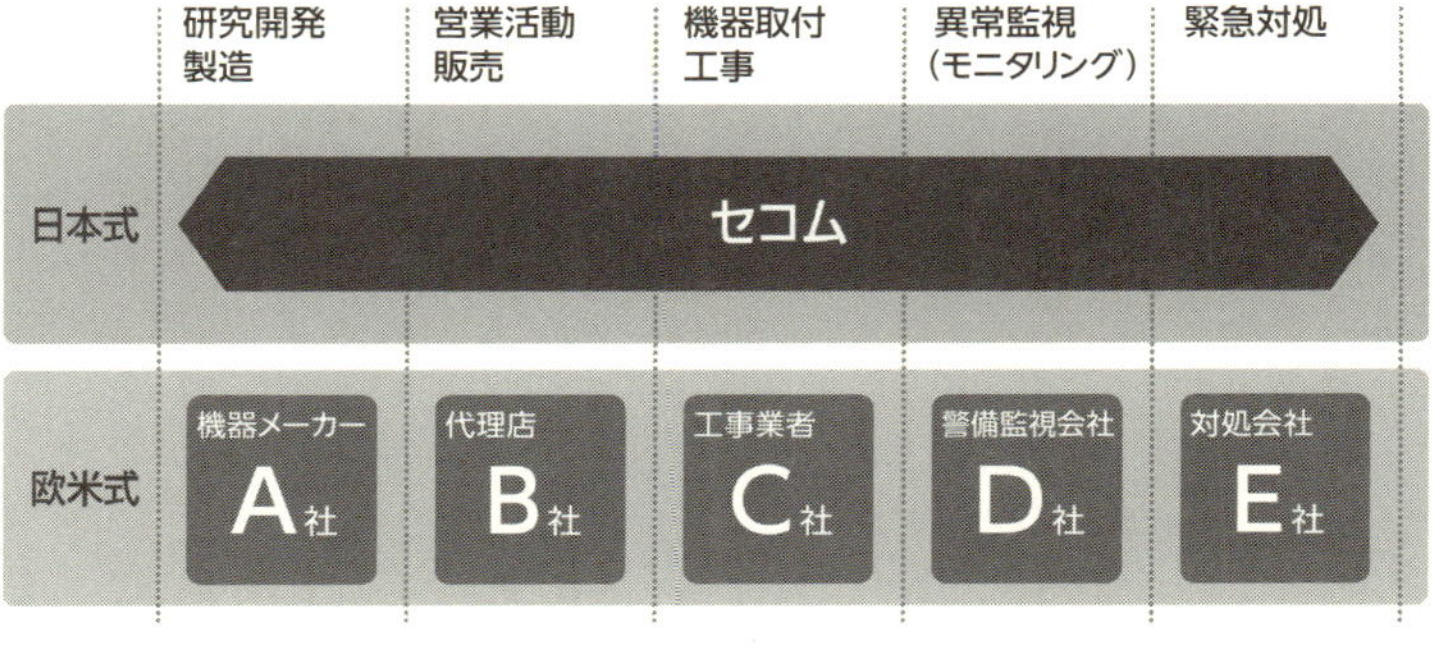

セコムと欧米のアラーム警備のビジネスモデルの違い

る慣例が、外国では強い競争力になっている場合が少なくない。セコムは日本の「当たり前」を現地法人社員の研修に活用している。「外国人社員が研修で来日したとき、必ず見せるのが、デパートの玄関で開店時に行われるお客様のお迎えです。実に丁寧にお辞儀をして迎えられる。それから、新幹線のお掃除風景。東京駅に新幹線が到着し乗客が全員降りるのを見届けた後、短時間で社内を掃除し、椅子のカバーまで手際よく替えておられる。日本のおもてなしや正確な仕事ぶりに、外国人社員は皆、大変感動し、日本の競争力の源を実感するのです」と、佐藤氏はその効用について話す。

セコムの海外における契約先は法人が中心である。今後は日本同様、個人の契約者が増えていく、と見ている。いずれにしても、現地人に任せる経営を基本にしていく方針だ。なぜなら、重点地域のアジアでは、総契約件数のうち八割が現地企業であるからだ。個人の契約者を増やそうとすれば、さらに地域密着型の姿勢が求められる。とはいえ、日本のセコムである。現地従業員には、「セコム方式」というノウハウだけではなく、正しさを貫くという「セコムの心」を身に着けてもらわなくてはならない。警備員の規律正しい訓練も日本と同様に行われているのも、デパートのお辞儀や新幹線の清掃を見学するのも、「セコムの心」の基盤にある「日本の心」を学んでもらおうとしているからである。

「現地に任せる」を誤解するなかれ

ここで、経営学の国際経営に関する知恵を紹介しておこう。「アメリカン・ジレンマ」である。海外へ進出したアメリカ企業は、まだビジネスが軌道に乗っていない初期の段階から、アメリカ人を管理職としてどんどん送り込んだ。その結果、「早くアメリカへ帰してくれ」という帰任希望者が相次ぎ、現地を任せられるアメリカ人がいなくなってしまった。おまけに、帰国後の逆カルチャーショックに直面し、帰任者の二五~五〇％が離職するという結果が出た。この現象から得た知見は、あまりにも事業がスタートしたての早期段階から本国人を海外へ派遣すると、任せる人がいなくなってしまうということだ。この論理が背景にあり、海外に駐在している日本人は現地法人にも口を出し過ぎる、という海外からの批判にもつながり、やっぱり現地のビジネスは、現地の人に任せたほうがいい、と日本企業のトップ、国際事業担当役員も考えるようになった。

もっとも、筆者は海外にある多くの日系企業現地法人を取材したが、そこでも、「早く日本へ帰って、思う存分和食が食べたい」という現地駐在員は少なかなかった。だが、このような心構えでは、「日本の心」は伝えられないだろう。

「まだ、セコムでは拡大する国際事業を支える日本人が十分に育っていない」と佐藤氏は言う。そのため、現在、同社では海外人材養成に注力する一方で、海外駐在経験者の中途採用、帰国子女、外国人留学生などの採用にも積極的に取り組んでいる。また、現地人中堅社員を経営層に育てる研修プログラムを作成しており、「今後、現地人経営者が増えていきます」と明かした。

インドで病院経営

セコムのグローバル化は、主力事業のセキュリティが先兵となっているが、インドではメディカル事業のほうが先行している。二〇一四（平成二六）年三月にベンガルール（バンガロール）にセコム医療システム、豊田通商などによる共同運営で二九四床の総合病院「サクラ・ワールド・ホスピタル」を開設した。現在はセコム医療システムと豊田通商の二社で、インドで初めて日本企業が運営する総合病院である。

実は、ICT先進国と注目されているインドだが、通信・電気事情が悪く労働集約的な人的警備がほとんどであり、「セコム方式」は普及していない。だからこそ、ここは、メディカル事業でまず攻略するという多角化の利点が生かされた。公立の外来病院が無料のインドで日本式の高度な医療を提供しようとすると、どうしても富裕層を対象にせざるを得ないが、今後は企業努力によりコストを削減し、中間層にも裾野を拡げようとしている。

インドといえば、一三億の民を抱える大国であると同時に、法律上は廃止されてはいるものの、長い間続いたカースト制度の影響も根強い。病院のスタッフの業務に影響は出ないのだろうか。セコムのメディカル事業の立ち上げから携わってきた布施達朗・セコム医療システム会長（セコム常務取締役）は、インドならではのエピソードを話す。

サクラ・ワールド・ホスピタル（インド）

「机の上と下を掃除する人が違う。病院にゴミが落ちていても、医師や看護師は拾おうともしなかった。それは、単に階級の問題だけではなく、清掃する人たちの仕事を奪ってしまうからです。これでは、コスト削減も難しい。うちの医師や看護師には気づいたらゴミを拾ってもらっています」

「提携は成功しにくい」といわれているが

では、セコムはどのように国際事業を展開しているのだろうか。その解は現地企業との合弁会社の設立と企業買収である。

だが、経営学では「提携は成功しにくい」とされている。内部展開と合併買収（M&A）の中間的手法が提携である。「ジョイント・ベンチャー」と呼ばれる合弁企業も提携の一種であるのだから、多少不安にならざるを得ない。その根拠は『戦略サファリ』（ミンツバーグほか）にある。ライバル同士でもケースバイケースの都合により手を結ぶ「戦略的提携」も含まれているからだ。これは、打算で結婚しても、その魅力がなくなれば離婚してしまう関係に等しい。しかし、セコムの合弁、買収は、志、最大目的を一にしており、全体的にうまく運んでいる。セコムにとっては皮肉な話だが、国際間のビジネスにおいて、「安全・安心」ほど、怖いものはない。安全・安心な関係と思っていたところ、どんでん返しを食らうこともある。カントリーリスク、合弁相手や買収した企業の確認不足、労務習慣や意思疎通、意思決定の日本との違いなど、国際事業の難点を挙げれば枚挙にいとまがない。セコムはこれらをクリアし、ドメスティックな会社が陥りがちな、「グローバル化の落とし穴」に気をつけてほしいものだ。

c h a p t e r 6

第６章

セコムの人材戦略とCSR・環境戦略

セコムの人たちは何をモチベーションとして働くのか、またセコムが欲しい人材、人材育成、女性の活用から近年話題の CSR（企業の社会的責任）、環境問題の取り組みなどを取り上げた。

岡山商科大学教授（経営学部長）
神戸大学経済経営研究所リサーチフェロー
長田 貴仁

会社のために働くな

人は何のために、誰のために働くのか。その答えは人それぞれだろう。共通項があるとすれば、「自分のため」と「安定」ではないだろうか。もっとも、「家族のために働いている」という働き盛りのサラリーマンや、「リスクを取らないことが最大のリスク」という起業家たちの言葉を聞くと、自分のため、安定のためだけに働いているのは罪であるように思われる。だが、どんなにアニマルスピリットが強くても、いずれ安定が訪れると想定できなければ、リスクに挑戦しないだろう。

たしかに、サラリーマンは毎月、給料をもらうのだから「収入の安定」はある。だが、「精神の安定（充実）」を十分感じているだろうか。収入の安定のために、仕事に大きな意味づけをすることなく、上司が言うからしかたないな、という重圧感を背負い働いているだけでは、「精神の安定」からは程遠い。前置きが長くなったようだが、本章のテーマのベースになる論考である。

セコムの泉田達也・取締役人事本部長は「会社のために、を表に出すことはありません」、「金銭的インセンティブは重視していません」という。この発言を読み解くと、セコムでの仕事は「精神の安定（充実）」にたどり着くのではないかと考えた。

もっとも、「収入の安定」から見ると、セコムは恵まれているのではないか。こう書くと社員から「そんなに高い給料をもらっていませんよ」という反論が聞こえてきそうだ。だが、サラリーマンは「ビジネスシステムの安定度」をどれだけ報酬価値に含めて理解しているだろうか。この視点からセコムを見てみると、主力事業のセキュリティは、定期的に収入が入る日銭を稼げるビジネスシステムである。ほかの事業も比較的、セキュリティに準じる「収入の安定」を確保しているといえよう。

しかし、「収入の安定」は与えられるものではない。ビジネスシステム、つまり持続的にもうける仕組みは経営者が考えるのだが、「社員一人ひとりは歯車ではない。自らどうするかと考え行動しなくてはならない」（泉田氏）。このように主体的な姿勢でいることで「精神の安定」や「やりがい」も得られるわけである。

正直で元気な人がいい

セコムの人に「企業文化は」と問えば、「豁達（フータ）」（闊達）という一言で答える。この言葉は、一九八六（昭和六一）年、創業者の飯田亮が中国を訪問したとき、中国の書家から「飯田さん、あなたのことです」と渡されたのが「豁達」という書であったことに由来する。明るく大らかに目的を達成する、という意味である。自由奔放、放任とはニュアンスが異なり、セキュリティという厳格さが求められる組織であることから、自律の精神を厳守し、そのなかで自由に自ら考え行動せよと理解していいだろう。

セコムの研修には、「正しさとは何か」についてディスカッションし、お互いに指摘し合うことで成長するプログラムがある。いずれの研修でも、同社が一貫して掲げる人づくりの理念は「正しさの追求」。当然、採用で求める人材像は、「嘘、ごまかし、がなくて明るく元気な人」（泉田氏）ということになる。ここで気になるのが、経営者人材教育研修が見られないことだ。泉田氏によると、「あなたは経営者人材ですよ、と明示した研修は行っていません。しかし、執行役員や地域事業責任者などが集まり、経営課題についてディスカッションする機会が増えています」という。

泉田氏の発言を洞察し、経営学の視点から見ると、個人の持つ知識や情報を組織全体で共有

ビートエンジニア（緊急対処員）の研修風景

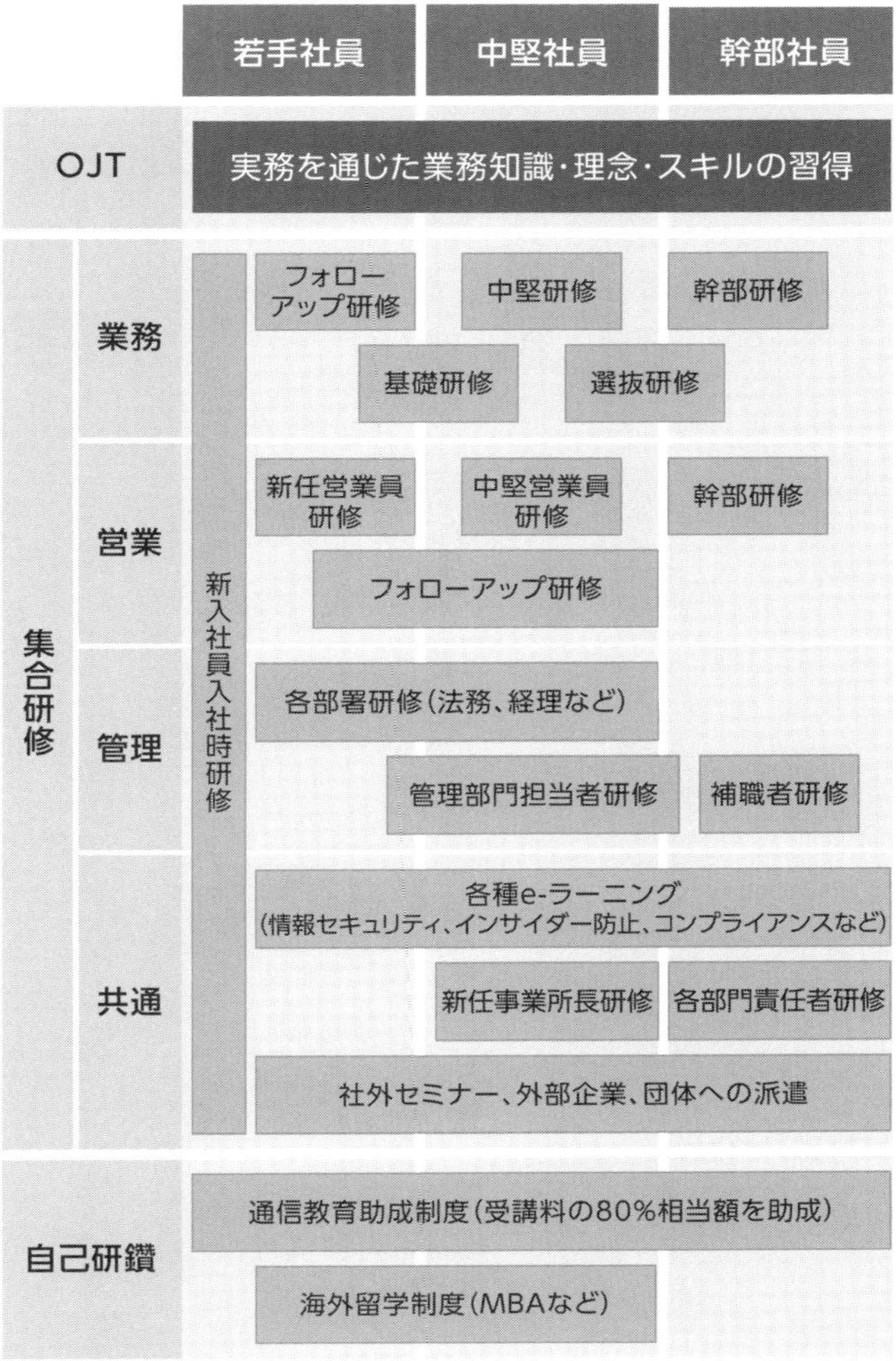
若手社員
中堅社員
幹部社員
OJT
実務を通じた業務知識・理念・スキルの習得
集合研修
業務
営業
管理
共通
新入社員入社時研修
フォロー
アップ研修
中堅研修
幹部研修
基礎研修
選抜研修
新任営業員
研修
中堅営業員
研修
幹部研修
フォローアップ研修
各部署研修（法務、経理など）
管理部門担当者研修
補職者研修
各種e-ラーニング
（情報セキュリティ、インサイダー防止、コンプライアンスなど）
新任事業所長研修
各部門責任者研修
社外セミナー、外部企業、団体への派遣
自己研鑽
通信教育助成制度（受講料の80％相当額を助成）
海外留学制度（MBAなど）

各種研修・教育制度

し、有効に活用する経営手法である「ナレッジマネジメント」を自然発生的に実践していることになる。しかし、このような会議ではアイデア出しに終わることも少なくない。アイデアを事業にデザインし、そして経営する人材の育成なくしては、セコムがセコムたるゆえんである〝永遠のベンチャー〟としては存続し得ないのではないだろうか。現社長の中山泰男氏は日本銀行からスカウトされたが、内部からの登用を考えた場合、新事業創造型のセコムのような企業こそ、経営者人材を早期から発掘、育成しなくてはならないともいえよう。

ダイバーシティは男女逆差別にあらず

時代の要請としてクローズアップされているのが女性の積極的活躍である。「女性の職業生活における活躍の推進に関する法律」（通称：女性活躍推進法）が二〇一六（平成二八）年四月から施行され、セコムでも「女性の活躍推進目標」を策定。二〇一六年三月一日～二〇二一（平成三三）年三月三一日の間に、①警備スタッフ以外の分野において、新しい女性役職者を三〇名以上誕生させる②仕事と家庭の両立支援に積極的に取り組み、女性の平均勤続年数を延ばす③女性の活躍に関する意識調査アンケートにおいて、「自分は活躍できている」と回答する女性社員の割合を向上させる――などの三目標を達成する計画だ。ここで注意しなくてはならないのは、男女同権だが、男女異質であるという点である。脳科学研究でも男女の脳差が解明されつつある。

セコム・ホームセキュリティの営業職や、お客様訪問を専門とする「お客様満足度促進担当」として、多くの女性社員が活躍している。これなど、女性の特性に着目した、いわば、性差を生かした人事の効用を発揮している、と考えられる。

「女性は男性より優秀だ」。近年、企業だけでなく、大学でもよく耳にする発言だ。それは、社会進出している人数が男性よりも女性が少ないことも一因。これから男女同数になってきたとき、使い物にならない男性社員と同様、手を焼く女性社員も増えてくるだろう。こうなることを想定し、男女逆差別にならない評価制度がセコムにも求められよう。年功序列崩壊で、ベテラン社員が腐ってしまったように、女性活躍推進で男性社員が腐るというリスクをどう軽減していくかが留意点と考えられる。「ダイバーシティ」という言葉に踊らされてはならない。

「CSR」を謳わなくていい会社

中山社長が常務時代にCSR（企業の社会的責任）を担当していたこともあり、セコムにおいて、CSRは全社戦略の重要テーマになっている。「社業を通じ、社会に貢献する」「社会に貢献する事業を発掘、実現しつづける責任と使命を有する」「常に革新的でありつづける」といった基本理念（セコムの事業と運営の憲法）のもと、「企業と社会が共に持続的に発展することが重要である」との考え方を根底に置き、事業を通じたCSRを実践。そして、こうした〝攻め〟の取り組みを「戦略的CSR」、その一方で企業として社会から信頼を得るための〝守り〟の取り組みを「基盤的CSR」と定義している。「戦略的CSR」はCSRの発展型であるCSV（Creating Shared Value：共通価値の創造）といえよう。マイケル・ポーターの定義によれば、CSVとは、企業が経済条件、社会状況や課題を改善することにより、企業自体の生産性も高まるという考え方である。

社会に「安全・安心」「快適・便利」を提供するという事業の特性上、経営理念や社員一人ひとりの行動が社会から評価され、信頼を得ることが事業継続の基盤となる。そのため「基盤的CSR」としてのコンプライアンス、リスクマネジメント

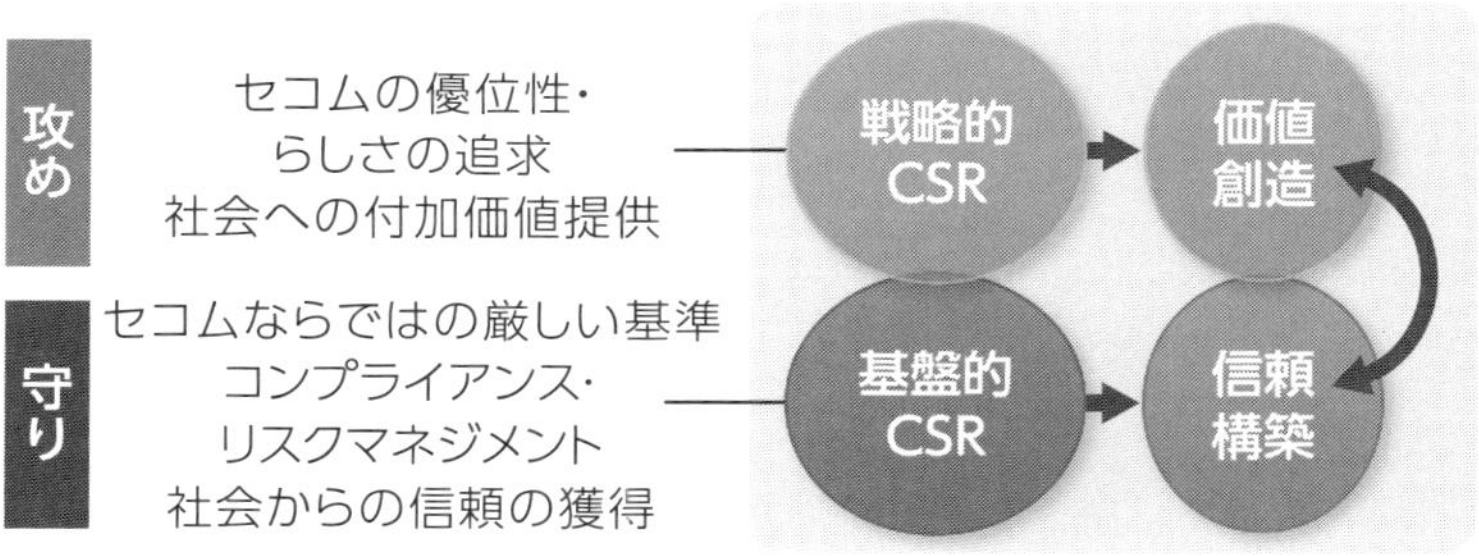

セコムでは戦略的CSR（攻め）と基盤的CSR（守り）と定義し、取り組んでいる

には、法令よりも厳しいセコム独自の基準を設けるなど、社会の要請や期待に先んじて、さまざまなテーマに取り組んでいる。

近年、企業の持続的な成長や企業価値を判断する際に財務情報だけでなく、さまざまな社会課題への取り組みなどの非財務情報も重視し、中長期的な視点で評価する傾向が高まっている。二〇一四（平成二六）年二月には、機関投資家に、投資先企業との企業価値向上や持続的成長のための対話を促すガイドライン「日本版スチュワードシップ・コード」（金融庁）が、さらに、二〇一五（平成二七）年六月には、上場企業の企業統治の指針である「コーポレートガバナンス・コード」（金融庁・東証）が制定された。

ＣＳＲと切り離せないのが環境保全活動である。セコムが一九六六（昭和四一）年に開発したオンライン・セキュリティシステムは、契約者が使用するセキュリティ機器が万一故障した場合に、速やかに修理・交換を行えるよう、レンタル方式で提供する。この方式は同社がセキュリティ機器をすべて回収し、修理できるものは修理し再利用を行うので、「廃棄物の削減」「リサイクルの高効率化による資源の有効利用」「地球温暖化の原因となる温室効果ガスであるＣO_2（二酸化炭素）の削減」などにも貢献している。

セコムはＣＳＲ先進企業だからこそ、そして、「新しいことをやらないのなら、企業である必要はない」（飯田氏）という信念を持っている〝元祖ベンチャー〟だからこそ、大山稔・総務本部副本部長に次の提案をしてみた。

「どの企業もＣＳＲという言葉を使い、企業の社会的責任を強調しているので、すっかり皆『良い子ぶりっこ企業』になった感があります。創業者・飯田氏に『どんな会社にしたいですか』と尋ねると、「社会と恋愛できる会社にしたいね」といつもながら、瞬間的に粋な言葉が返ってきました。昔からこの概念を持っていたセコムは、名称だけでなく内容も『戦略的ＣＳＲ』より、もっと差別化されイノベーティブであって然るべしだと思うのですが……」

即答は避けたが、いずれセコムは最良の答えを出してくれると期待している。

chapter 7

第7章

セコムグループの経営分析

日本のセキュリティの草分けであるセコム。創立から55年間、セキュリティ業界をリードし続けている。セコムの業績は10年前と比較して売上高36%増、営業利益25%増、当期純利益37%増となった。この高成長の要因は何か、またどのような経営戦略をとっているのか、セコムグループの過去10年の財務諸表、経営数値をさまざまな角度から分析し、成長の源泉を解明していく。

久野康成公認会計士事務所 所長
株式会社東京コンサルティングファーム 代表取締役会長
公認会計士　久野 康成

まえがき　数値から見るセコムグループの経営状況

■財務諸表とは何か

企業が生み出す利益には、企業の歴史や商品価値、市場の変化などさまざまな要因があるが、経営活動の結果として数値で現れるのが財務諸表、いわゆる企業の成績表である。

ここで分析する財務諸表は、決算時における企業の財産状況を示す「貸借対照表（ＢＳ）」と、ビジネス活動の結果を示す「損益計算書（ＰＬ）」である。この財務諸表には、過去に積み上げてきた利益（＝結果）だけでなく、企業の問題から未来の展望まで、すべてが内包されているといっても過言ではない。実際にセコムが公表しているこの一〇年間の有価証券報告書、決算短信（二〇一七年三月期）を軸として、セコムの収益性や安全性、生産性、さらには成長性、将来性を分析していく。

■財務分析を行う際の三つのポイント

財務諸表を分析する際、第一の前提条件として「貸借対照表」（Ｐ一四九参照）および「損益計算書」（P一五一参照）の構造を理解しておく必要がある。

貸借対照表の右側（貸方）は資金の調達源泉を示しており、「負債」および「純資産」から構成される。一方、左側（借方）は、調達資金の保有形態を表しており、「流動資産」と「固定資産」および「繰延資産」から構成される。

また、損益計算書は収益と費用をそれぞれ経営活動別に対応させせて、売上総利益、営業利益、経常利益、当期純利益を算出する。

第二に「比較」という概念が重要となる。財務比較分析の目的は対象企業の経営状況を判断することだが、絶対的な数値を見ても、業績の良し悪しを判断することはできない。相対的に比較することで初めて、その数値を評価することができるのである。方法としては過去実績との比較、同業他社との比較、事業部（セグメント）ごとの比較、目標値との比較などがある。

第三に重要となるのは「事業内容の理解」である。事業内容によって財務状態や利益構造は異なってくるケースも多くある。従って、分析対象となる企業の事業内容について体系的に理解しておく必要があり、これを前提に財務分析することが必要となる。

まずは、二〇一七年三月期の、実際に公開されている決算短信に記載されている貸借対照表および損益計算書を見比べながら、セコムの現状を把握していく。

■貸借対照表

貸借対照表からは、企業が過去に行ってきた活動の良し悪しと、今後の活動の展望が読み取れる。

セコムの二〇一七年三月期の総資産額は一兆六五〇一億円である。内訳は流動資産が七六一八億円、固定資産が八八八三億円となっている。貸方の内訳は、流動負債が三五三九億円、固定負債が二八二九億円、純資産が一兆一三三億円となっている。

今期の貸借対照表で動きが大きいのは、流動資産（一年以内に現金化する資産）の増加であろう。流動資産と流動負債の前期からの増加率がそれぞれ一〇・四%と一・八%となり、流動資産の増加が著しい。

流動資産の増加は、短期的な安全性を示す流動比率に良い影響を与える。ここで注目すべきは、特に大きく動いた勘定科目が、「現金及び預金」だということである。設備投資から賃金給与、株主への配当まで、企業の行う活動は、必ず最後は現金の動きに帰結する。このため、企業は資金調達として銀行からの借入や、社債の発行などを行うのだが、セコムは借入や社債を前年から二一・六%削減している。このことか

2017年3月期　貸借対照表（連結）

資産の部	単位：百万円	負債の部	単位：百万円
現金及び預金	302,364	支払手形及び買掛金	44,635
現金護送業務用現金及び預金	130,619	短期借入金	44,969
受取手形及び売掛金	119,801	1年内償還予定社債	1,460
未収契約料	33,090	未払法人税等	27,557
有価証券	29,387	現金護送業務用預り金	107,878
リース債権及びリース投資資産	43,974	賞与引当金	15,447
商品及び製品	11,915	工事損失引当金	2,532
販売用不動産	5,223	その他	109,449
仕掛品	4,913	**流動負債合計**	353,933
未成工事支出金	8,979	社債	7,003
仕掛販売用不動産	22,283	長期借入金	14,123
原材料及び貯蔵品	8,385	繰延税金負債	21,943
繰延税金資産	14,003	役員退職慰労引当金	1,306
短期貸付金	4,942	退職給付に係る負債	22,428
その他	23,684	保険契約準備金	166,155
貸倒引当金	▲1,766	その他	50,026
流動資産合計	761,804	**固定負債合計**	282,989
建物及び構築物（純額）	150,254	**負債の部合計**	636,922
警報機器及び設備（純額）	69,569	**純資産の部**	単位：百万円
土地	116,825	資本金	66,377
その他（純額）	39,886	資本剰余金	80,297
有形固定資産合計	376,536	利益剰余金	797,493
無形固定資産合計	112,131	自己株式	▲73,731
		株主資本合計	870,437
投資有価証券	280,974		
長期貸付金	38,403	その他有価証券評価差額金	25,125
退職給付に係る資産	35,282	繰延ヘッジ損益	▲30
繰延税金資産	9,592	為替換算調整勘定	▲7,954
その他	51,436	退職給付に係る調整累計額	4,423
貸倒引当金	▲15,990	**その他の包括利益累計額合計**	21,563
投資その他の資産合計	399,698	少数株主持分(非支配株主持分)	121,253
固定資産合計	888,367	**純資産合計**	1,013,253
資産の部合計	1,650,176	**負債純資産合計**	1,650,176

ら、前年からの投資が実を結び、回収期に入っていると考えられる。

■損益計算書

損益計算書からは、企業が現在行っている活動の良し悪しと、今後の成長性を読み解くことができる。

セコムの二〇一七年三月期の売上高は九二八〇億円（前年同期比五・三％増）、営業利益は一三一〇億円（同一・九％増）、経常利益は一四七〇億円（同九・一％増）、親会社株主に帰属する当期純利益は、八四一億円（同九・三％増）となっている。

まずは利益額を見ていく。当期純利益は過去最高益を達成した。また、売上高は二〇一〇年三月期以来七期連続で増加し、営業利益、経常利益ともに前年より増加している。次いで利益率を見ていくと、最終的な利益である当期純利益率は増加しているものの、本業の儲けである営業利益率は悪化している。これは主力であるセキュリティ事業が売上高の増加に反し、利益率が一・四％悪化していることが起因だと考えられる。セコムはこのセキュリティ事業への依存度が高く、好調だった保険や地理情報サービス、情報通信の事業では、セキュリティ事業の利益率の低下を吸収しきれなかったと考えられる。

セコムはサービス業に分類されるが、弁護士や会計士のような固定資産を持たない業種とは異なり、人だけでなく、モノにも多くの投資が必要となる。モノへの投資は固定資産の増加を意味し、損益分岐点（費用＝収益となる売上高）が押し上げられてしまう。さらにセコムは、不動産事業も手掛けており、有事の際には、景気後退による売上減に加え、販売用不動産の評価損のようなリスクも想定される。

このようなリスクを抱えるなかで、セコムは負債を削減し、現金及び預金の積み立てを行った。この潤沢な資金を、リスクとのバランスを捉えつつ、どのように振り分けていくか、その動向に注目していきたい。

2017 年 3 月期　連結損益計算書

（単位：百万円）

売上高	928,098
売上原価	621,412
売上総利益	306,686
販売費及び一般管理費	175,636
営業利益	131,050
営業外収益	22,371
営業外費用	6,388
経常利益	147,033
特別利益	516
特別損失	5,697
税金等調整前当期純利益	141,852
法人税、住民税及び事業税	43,326
法人税等調整額	2,369
法人税等合計	45,695
当期純利益	96,156
非支配株主に帰属する当期純利益	11,986
親会社株主に帰属する当期純利益	84,170

連結包括利益計算書　（単位：百万円）

当期純利益	96,156
その他有価証券評価差額金	5,324
為替換算調整勘定	▲ 3,539
退職給付に係る調整額	4,698
持分法適用会社に対する持分相当額	▲ 1,327
その他の包括利益合計	5,155
包括利益	101,312
(内訳) 親会社株主に係る包括利益	88,789
(内訳) 非支配株主に係る包括利益	12,522

2012年3月期	2013年3月期	2014年3月期	2015年3月期	2016年3月期	2017年3月期
679,173	765,635	822,228	840,722	881,028	928,098
81,078	108,370	120,018	123,615	128,582	131,050
35,489	63,658	69,876	75,392	77,039	84,170
1,101,884	1,249,110	1,328,226	1,410,715	1,568,052	1,650,176
2,785.56	3,065.13	3,345.06	3,667.33	3,817.82	4,086.87
162.63	291.65	320.14	345.42	352.97	385.64
55.2	53.6	55.0	56.7	53.1	54.1
3.2	5.1	5.3	5.3	4.9	5.1
5.9	10.0	10.0	9.9	9.4	9.8
93,071	150,474	117,067	130,846	136,734	171,121
▲41,614	▲110,502	▲89,485	▲65,184	▲129,247	▲42,964
▲33,846	▲31,564	▲21,750	▲49,790	▲26,849	▲55,942
205,362	216,580	224,443	241,716	221,760	292,994
34,063	36,473	37,241	37,943	42,687	43,071

2012年3月期	2013年3月期	2014年3月期	2015年3月期	2016年3月期	2017年3月期
503,479	542,836	558,574	600,146	689,744	761,804
598,359	706,241	769,633	810,541	878,293	888,367
215,780	247,879	256,684	247,755	347,633	353,933
214,586	237,091	241,171	255,618	277,274	282,989
641,034	685,042	732,036	767,630	816,340	870,437
1,101,884	1,249,110	1,328,226	1,410,715	1,568,052	1,650,176

セコム（連結）の直近10年の主要な経営指標推移

(単位：百万円)	2008年 3月期	2009年 3月期	2010年 3月期	2011年 3月期
売上高	682,619	678,400	654,678	663,887
営業利益	104,706	87,634	98,539	99,141
親会社株主に帰属する当期純利益	61,506	21,502	47,611	60,846
総資産	1,202,840	1,090,483	1,081,679	1,094,400
1株当たり純資産額(円)	2,521.45	2,380.12	2,561.94	2,716.35
1株当たり当期純利益(円)	273.40	96.69	218.37	279.07
自己資本比率	47.2	47.6	51.6	54.1
総資産利益率(ROA)	5.1	2.0	4.4	5.6
自己資本利益率(ROE)	11.1	4.0	8.8	10.6
営業活動によるCF	89,768	105,123	90,359	85,292
投資活動によるCF	▲60,121	▲52,434	▲12,201	▲57,617
財務活動によるCF	▲8,813	▲105,112	▲57,912	▲17,716
現金及び現金同等物の期末残高	213,366	158,184	178,781	188,174
連結従業員数(人)	32,195	34,078	33,685	33,807

※1株当たり純資産＝BPS　※ 1株当たり当期純利益＝EPS　※CF＝キャッシュ・フロー

10年間の主要な財務諸表数値

(単位：百万円)	2008年 3月期	2009年 3月期	2010年 3月期	2011年 3月期
流動資産合計	547,538	473,445	483,600	486,284
固定資産合計	654,936	616,698	597,864	607,998
流動負債合計	319,737	256,655	210,353	202,074
固定負債合計	252,828	251,218	246,171	238,270
株主資本合計	580,543	552,891	581,959	624,255
負債純資産合計	1,202,840	1,090,483	1,081,679	1,094,400

売上高・セグメント別売上高推移

売上高の推移を見ることにより、事業や製品の成長、需要の拡大を分析する。セグメント別売上高推移別、事業別などのように対象を特定し、各対象の利益や成長性を分析する。ここでは事業ごとに分類して分析することで各事業を比較し成長性を分析する。

全体を見れば直近三期間連続で右肩上がりの成長をしていることから、好調な経営ができていると考えられる。二〇〇九年三月期では前年に起こったリーマンショックの影響を大きく受け、大きな落ち込みを見せている。情報通信・その他の事業から不動産関連が分離した不動産開発・販売事業（現不動産・その他事業）がマンション市況の低迷により、開発中止物件を売却処分するなどしたため、売上高の成長を抑えられてしまった。二〇一一年三月期では、東日本大震災に見舞われたものの、三月の出来事であるため影響は限定的である。不動産開発・販売事業が大型物件の販売増加などにより八七・一％増と大きく売り上げを伸ばした。二〇一二年三月期はセキュリティサービス事業が震災により発生したニーズを反映した新ホームセキュリティを発売し、売上高が一・三％増加した。全体の売上高は増加傾向にあったが、不動産開発・販売事業が震災によるマンション市場の不況により、五二・八％のマイナス成長であった。二〇一三年三月期は売上高が一一・七％増と著増している。この年から二〇一七年三月期まで緩やかに成長していく。過去一〇年間の推移を見てきたが、不動産などの事業は景気の影響を受けやすく安定した売上を確保しづらいように思われる。反対にメディカルサービス事業や保険事業などは、震災の影響を受けているものの安定して売上高が増加し続けているのは各事業の特性によるものといえよう。

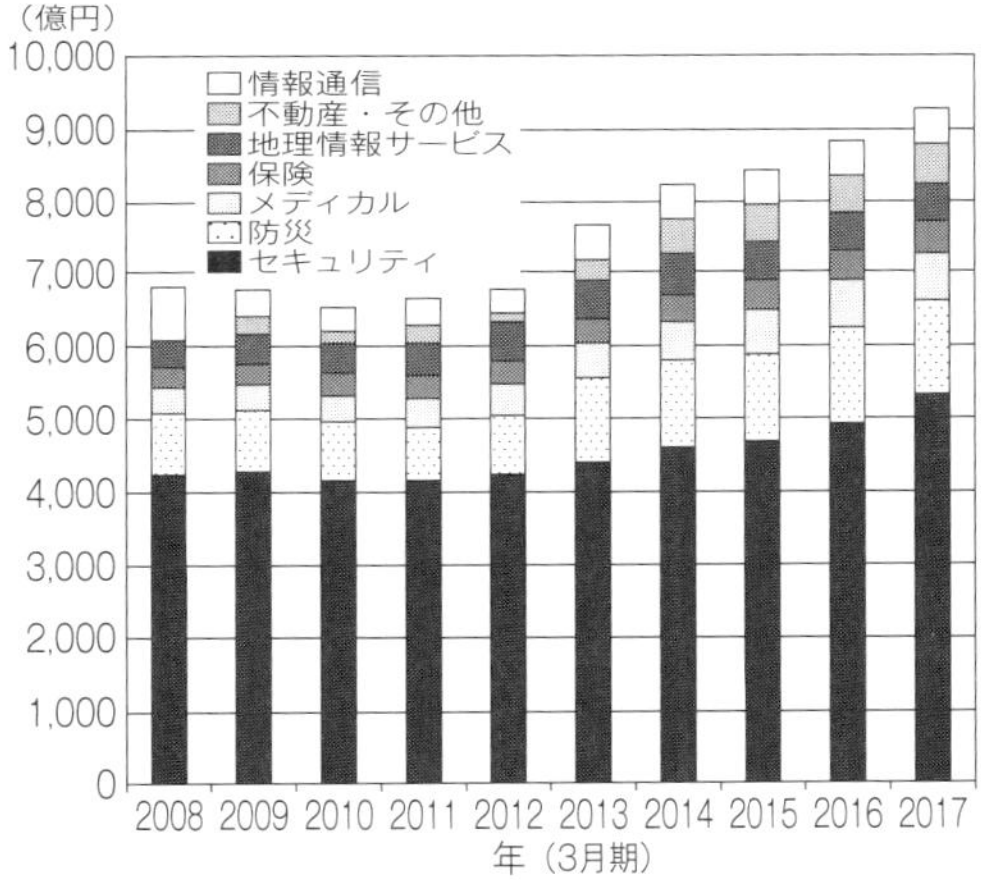

セコム（連結）の事業セグメント別業績推移（単位:百万円）

事業セグメント	2014年	2015年	2016年	2017年
セキュリティ				
売上高	459,101	468,817	492,843	534,295
営業利益	105,871	107,988	112,063	113,507
防災				
売上高	122,045	121,187	131,743	126,231
営業利益	10,427	11,918	13,909	13,180
メディカル				
売上高	53,802	60,194	64,038	66,839
営業利益	4,569	4,412	5,207	4,687
保険				
売上高	35,769	37,716	40,186	41,965
営業利益	△465	1,912	1,848	2,144
地理情報サービス				
売上高	54,696	52,760	52,553	51,609
営業利益	4,182	2,240	854	1,259
情報通信				
売上高	47,727	47,754	48,488	49,834
営業利益	5,607	4,779	5,212	6,987
不動産・その他				
売上高	49,084	52,290	51,175	57,323
営業利益	4,282	4,836	4,972	5,245
連結売上高	822,228	840,722	881,028	928,098
連結営業利益	120,018	123,615	128,582	131,050

※各年とも３月期　※ 連結売上高、連結営業利益は調整済み金額

営業利益・営業利益率推移

営業利益とは企業の主たる業務によって生み出された利益であり、売上高から売上原価と販売管理費（販売費及び一般管理費）を差し引いた差額をいう。営業利益率とは売上高に対する営業利益の割合である。営業利益は本業でのもうけがどれだけあるかを示し、営業利益率が高いほど、付加価値の高い事業といえる。

グラフ全体を見ると、二つの大きな波と、利益額の増加の一方で利益率が減少するという反比例がある。これらの要因について分析する。

一つ目の波はリーマンショックの影響があった二〇〇九年三月期であり、利益額、利益率ともに落ち込んでいる。販売用不動産評価損を八四億円計上したことで、その他事業にマイナスの影響を与えてしまったと考えられる。

二つ目の波である二〇一二年三月期は、前年比で売上が一五二億円増加したが、マンション市場の不況による影響を受け、不動産の評価損が二〇七億円に上り、利益率の悪化につながってしまったことで、営業利益が一八〇億円減少している。販売管理費は前年より一一億円削減されたが、原価率が上昇し売上総利益が圧迫された。

二〇一三年三月期は前年の落ち込みから力強く回復し、二〇一七年三月期まで、営

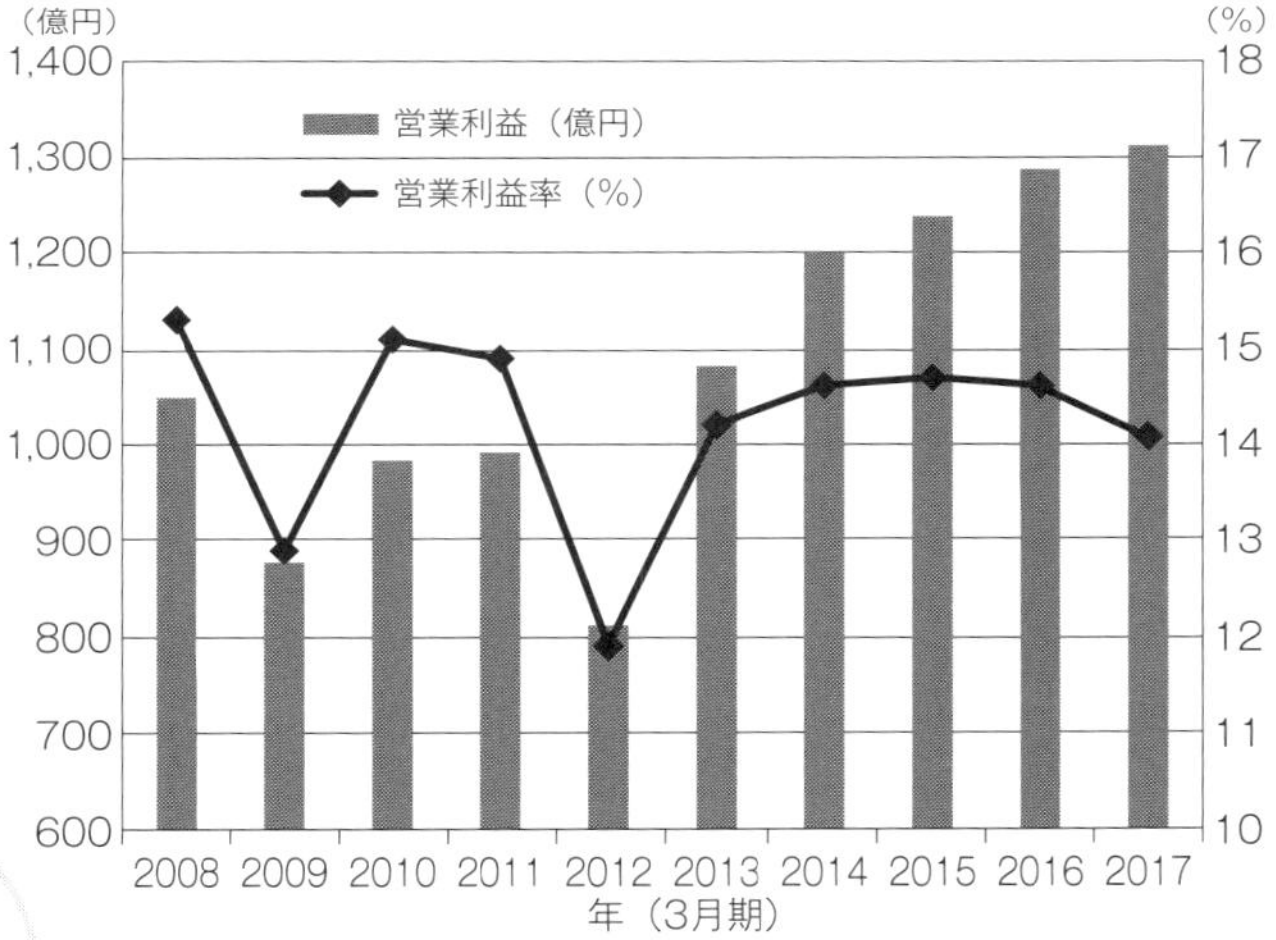

業利益は五期連続で過去最高額を更新した。しかし利益率は一四%台で伸び悩んでいる。セコムは販売管理費を削減しており、二〇一四年三月期に一〇%台にまで圧縮した。営業利益率の微減は、売上原価の増加が原因だと考えられる。営業利益率の低下の始まる二〇一五年三月期から二〇一七年三月期まで、原価率は上昇を続けているが、販売管理費率はほぼ一定に推移している。

　セコムは販売用不動産を所有しており、有事の際の販売用不動産評価損が利益率を大きく下げる要因になっている。しかし、セキュリティ事業や防災事業、情報通信サービスが順調である。これらは景気の影響も少なく安定的に成長し利益を生み出していると考えられる。また、M&Aなどの投資を積極的に行っており、今後もさらなる成長が見込めるといえよう。

使用総資本・自己資本比率推移

使用総資本とは、企業が投下した資本総額で、バランスシートの借方の総額を指す。自己資本比率［＝自己資本（株主資本＋その他包括利益累計額）÷使用総資本（総資産額）］は、他人資本（負債）の「安全性」を長期的な視点で分析するために使われる指標である。一般的に自己資本比率が大きいほど、返済義務のある負債が少なく、急激な業績の悪化に耐えうるだけの長期的な「抵抗力」も示しているが、短期の「収益性」という観点と必ずしも一致しないことに、この指標を使う上で留意が必要である。

流動比率［＝流動資産÷流動負債×一〇〇（％）］は企業の短期的な安全性を評価するために用いられるが、自己資本比率は主に長期的な安全性を評価するために使われる。グラフを見ると、二〇〇九年三月期から二〇一二年三月期にかけて使用総資本はほぼ横ばいだが、自己資本比率はこの間も一貫して上昇傾向を示している。これは、この期間に他人資本が約一四二二億円減少し負債を圧縮したことと、自己資本が六〇四億円増加したことが影響している。特に、二〇〇九年三月期から二〇一〇年三月期にかけての一年で、他人資本が五一三億円減少しているのである。このような資産の圧縮が、リーマンショックの影響からいち早く立ち直った要因の一つといえるだろう。

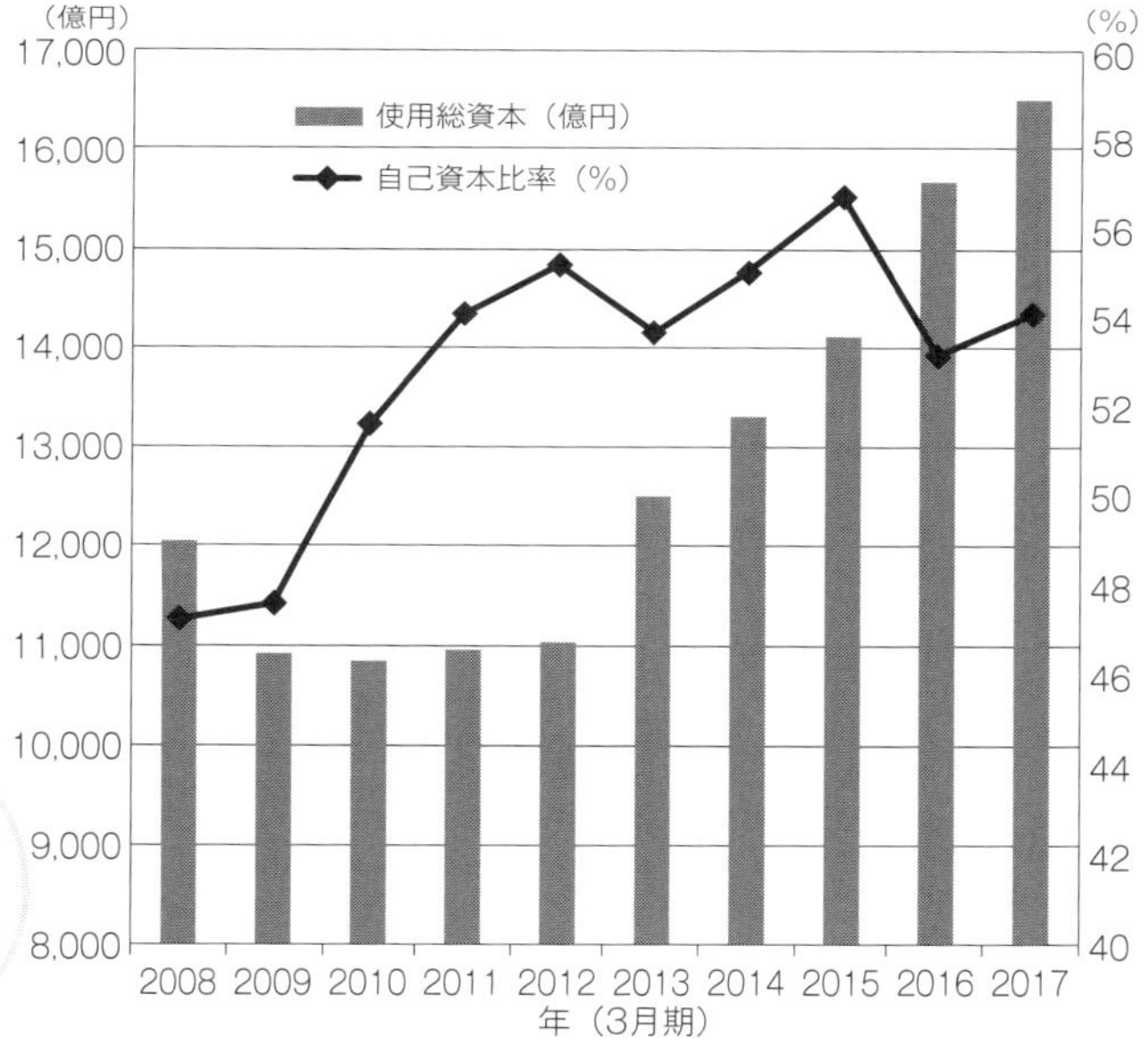

なお、自己資本比率で評価する場合、資産売却などにより現時点で他人資本の全額を返済したとしても返済余力が残る、という意味で五〇％以上が「安全性」が高いと判断される一つの目安であるが、セコムの自己資本比率は二〇一〇年三月期以降安定的に五〇％を超えている。したがって、セコムの長期的な安定性は良好と判断できるだろう。

　このように、自己資本比率は企業の「安全性」を測る指標であるとともに、業績悪化などの短期的な影響に対する「抵抗力」を測る指標として利用されるのである。

ＲＯＡ・ＲＯＥ推移

ＲＯＡ［総資産利益率＝当期純利益÷総資産（％）］とＲＯＥ［自己資本利益率＝当期純利益÷自己資本（％）］は、企業の「収益性」を分析する指標である。ＲＯＡは「株主、債権者などのすべての調達資金」を用いて、ＲＯＥは「株主から調達した資金」を用いて、どれほどの利益を生み出したのかを測るものである。一般的にＲＯＡは五％、ＲＯＥは一〇％以上が優良の基準値となる。

グラフを見ると、二〇〇九年三月期に各指標とも大きな落ち込みが見られるが、分子にとるのは同じ当期純利益であっても、ＲＯＥが分母にとる自己資本額は前期比で八・五％、ＲＯＡが分母にとる総資産額は九・三％と、それぞれ大きく減少している。自己資本比率は資産の圧縮により前年から〇・四％上昇している。そのため自己資本を分母に取るＲＯＥがＲＯＡよりも大きな落ち込みを示している。

筆者の見解では企業の収益性を見る場合、ＲＯＡが好ましい。なぜならＲＯＥは自己資本に対するリターンのみを示しているため、他人資本（借入金）を増やせばＲＯＥも増加するという特徴（財務レバレッジ）があるが、これは企業経営にとって必ずしも望ましくない。対してＲＯＡは総資産を分母に取るので、資本構成の変化などのボラティリティ（変動性）によるバラツキの影響を受けにくいのである。図を見るとセコムのROAは、ほとんどの期間が約四～五％台で推移している。そのあたりがセ

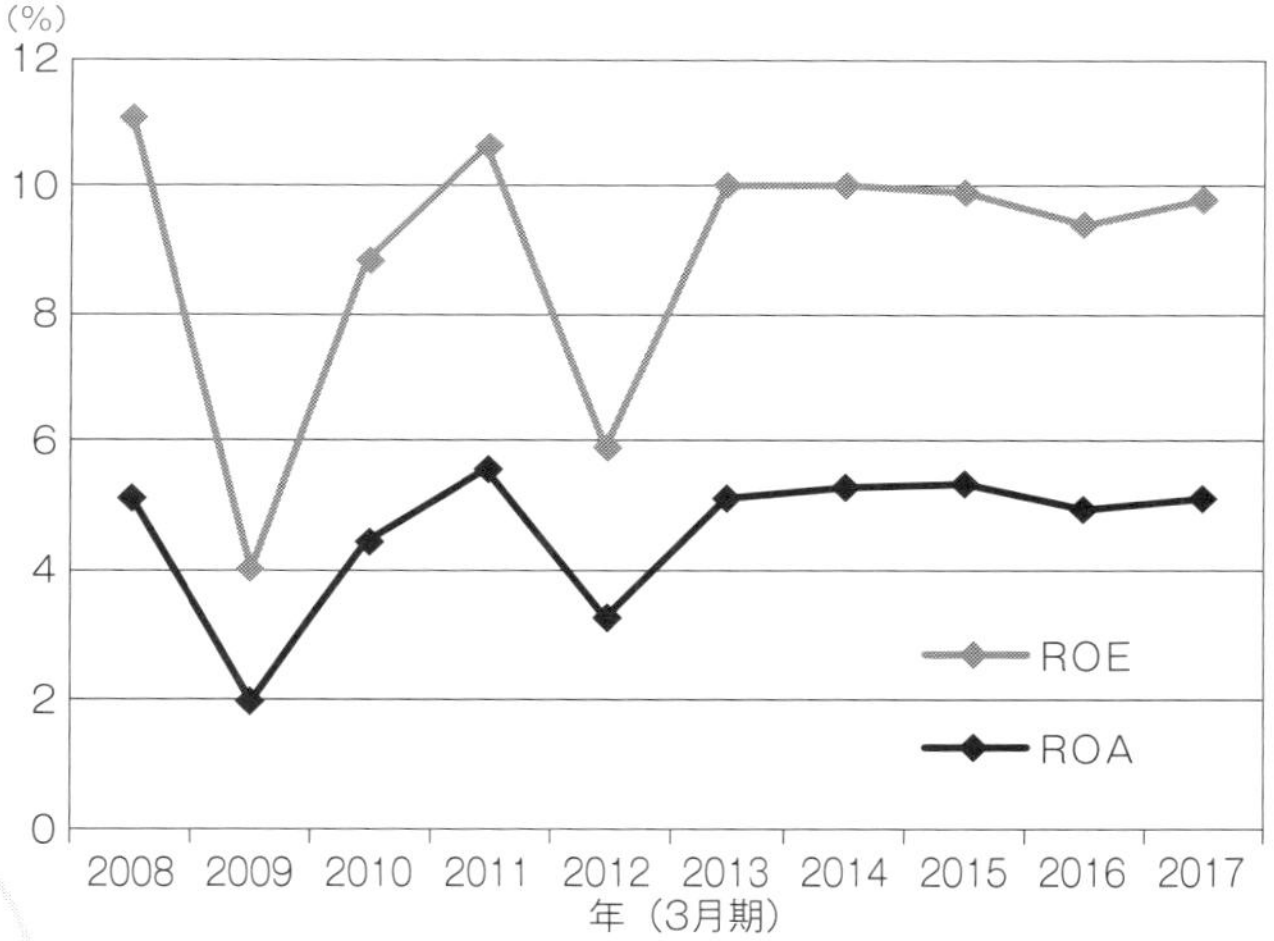

コムのROAの標準値といえる。競合他社の平均値が一・五～三・〇％程度であるので、セコムの収益性は良好といえるだろう。

二〇〇九年三月期に二・〇％だったROAが、二〇一〇年三月期には四・四％となり、二・四％ROAが上昇し、V字回復を遂げている。これは主に、ROAの分子にとる当期純利益が二六一億円増加したことと、分母の総資産が八八億円減少したことによるものである。

このようにROAは貸借対照表、損益計算書の両方から影響を受けるため、企業の「収益性」を判断するための総合的な指標として利用されるのである。

一株当たり配当額・配当性向推移

企業は稼いだ利益の一部を配当として株主に還元し、残りを内部留保として企業内部に蓄積し事業に再投資する。配当性向〔＝一株当たりの配当額÷一株当たりの当期純利益×一〇〇（％）〕とは、当期純利益のうち、どれだけ配当として株主に還元したのかを表す指標であり、この配当性向と配当額を見ることによって、企業の株主に対する姿勢が判断できる。

一株当たり配当額は、二〇〇八年三月期には八五円であったが二〇一七年三月期には一四五円へと増加している。一般的に日本企業は利益の水準にかかわらず、配当額を一定に保とうとする場合が多い。セコムもその傾向が強く、リーマンショックの二〇〇九年三月期や東日本大震災の影響が出た二〇一一年三月期は、当期純利益が少なかったにもかかわらず、前年と同程度の配当を維持している。そのため、配当性向が大きく上昇しているのである。

一株当たり配当額が二〇一七年三月期までの一〇年間で六〇円増と大幅に増加している。主な要因は当期純利益が一・三六倍に増加していることである。これは、セコムが主な事業であるセキュリティサービスだけでなく防災事業などの事業に積極的に投資してきた結果といえる。配当性向は二〇〇八年三月期の三一・一％から、

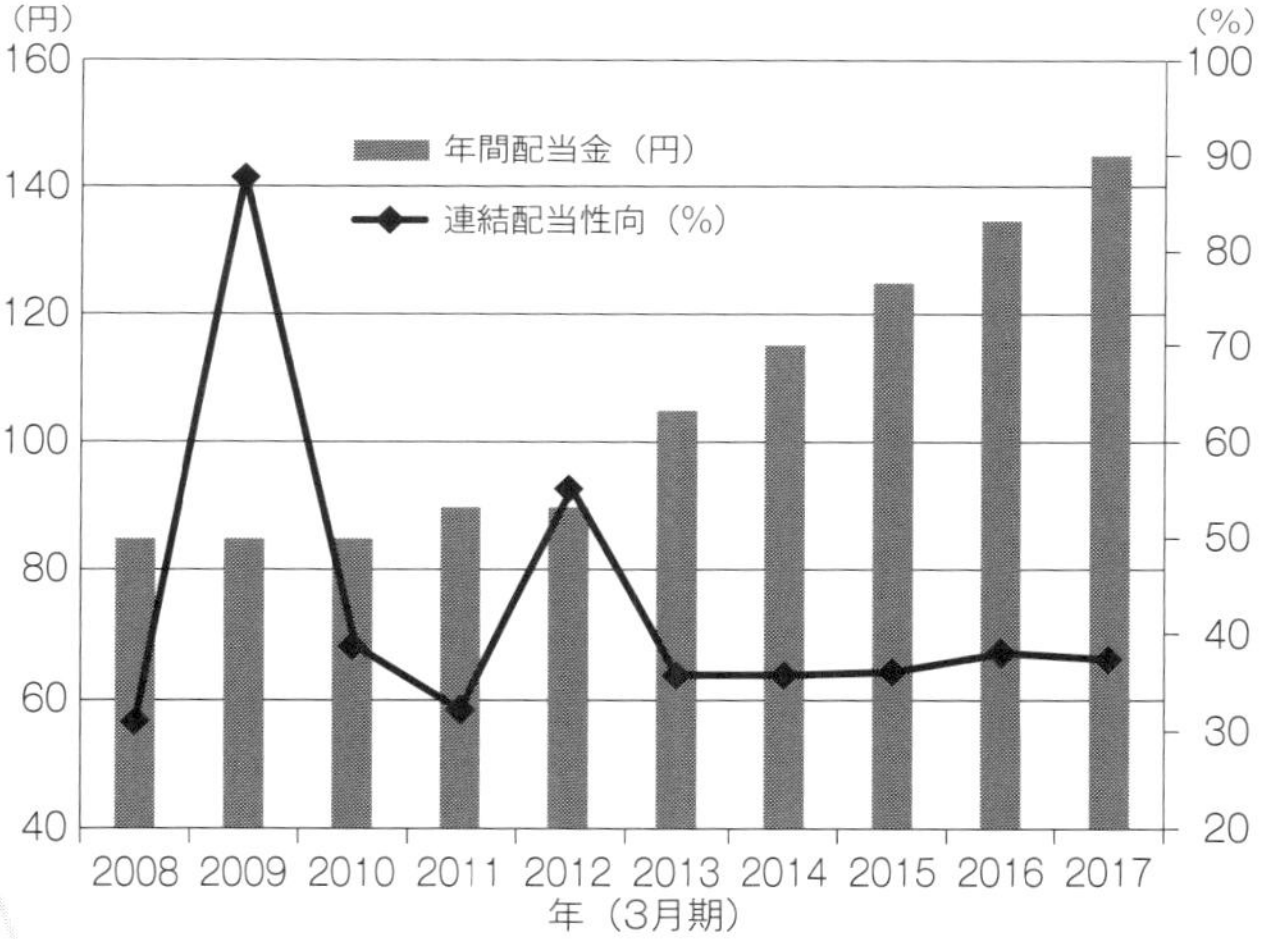

二〇一七年三月期には三七・六％へと増加している。日本企業の平均が三〇％弱だと考えると、投資家にとっては好ましい姿勢だといえる。しかし、稼いだ利益の多くを配当として社外に放出するということは、良質な投資対象を持っていないということも考えられる。配当性向が著しく高い場合は今後の成長性に注意が必要である。

セコムは株主への利益還元を経営の重要課題と位置づけ、配当と内部留保の安定的かつ継続的な利益配分を基本方針としている。また、内部留保については新規契約者の増加に対応するための投資や研究開発、戦略的事業への投資などに活用し、企業体質の強化と事業の拡大に努めていくという方針を持っている。株主還元を重視しつつも成長への強い意欲がうかがえるのである。

負債比率・固定比率・流動比率推移

負債比率と固定比率は長期の安全性を、流動比率は短期の安全性を表す指標である。負債比率［＝他人資本÷自己資本×一〇〇（％）］、固定比率［＝固定資産÷自己資本×一〇〇（％）］、で表される。

負債比率は、自己資本と他人資本のバランスを見るものであり、一般的には一〇〇％以下が望ましい。ただし、負債を活用することは自己資本利益率を高めることにつながるため、低い負債比率が一概に良いといえない点には注意が必要である。

セコムの負債比率は、二〇〇八年三月期には一〇〇・九％だったが、二〇一七年三月期には七一・四％にまで低下している。ここで注目したいのは、二〇一六年三月期が、前年から一二％上昇している点である。この期で最も動きがあったのは「現金護送業務用預り金」という負債科目で、アサヒセキュリティを子会社化したことで一〇一三億円と前期比六倍となっている。

固定比率は、長期の投資である固定資産と返済義務のない自己資本のバランスを見るものであり、この指標も一〇〇％以下が望ましい。セコムの固定比率はおおむね一〇〇％近辺で推移しているので、固定資産への投資を自己資本でカバーできている。従って、固定比率からもセコムの長期の安全性は高いといえる。

流動比率は、流動資産と流動負債のバランスから短期的な支払い能力を測る指標であり、一般的には二〇〇％以上が望ましいとされている。セコムの流動比率は二〇〇八年三月期には約一七一％であったが、二〇一〇年三月期以降はほぼ二〇〇％以上で推移しており、短期の安全性も高いといえる。ただし、二〇〇％という数字はあくまでも目安である。また、流動資産のなかでも現金は保有しているだけでは価値を生まない資産であるため、特定の目的がある場合を除いて過剰に持ちすぎることは好ましくない。

このように安全性と成長性はトレードオフの関係にあるものの、特に安全性という観点から見れば、セコムは非常に優れているといえる。

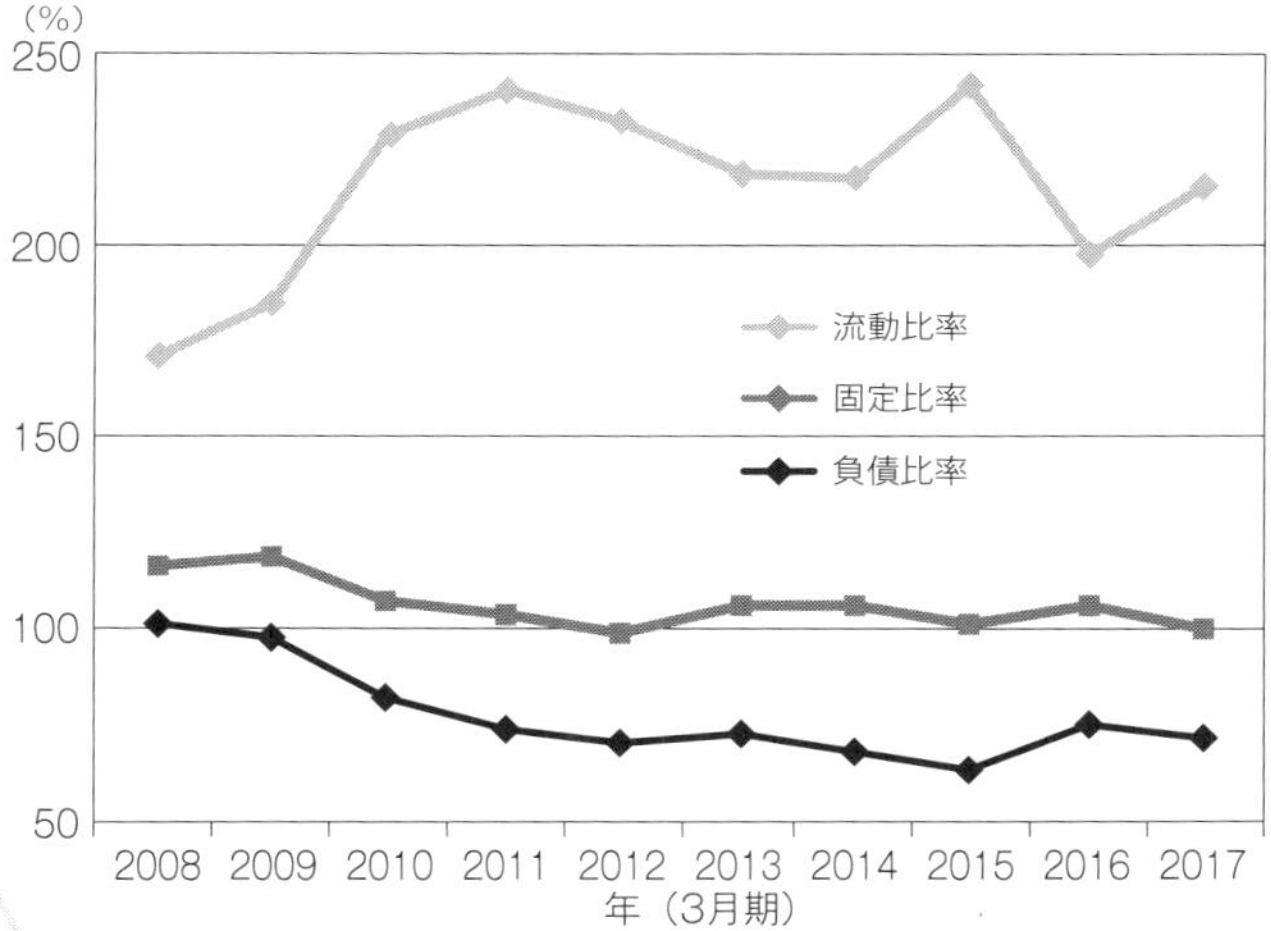

インタレストカバレッジレシオ推移

インタレストカバレッジレシオ［＝（営業利益＋受取利息＋受取配当金）÷（支払利息＋割引料）（倍）］とは、最も簡単にいえば、どの程度余裕を持って営業利益で借入金の利息をまかなえているかを示す指標である。営業活動で得た利益（営業利益）で支払利息がギリギリ支払える状況は、「営業利益－支払利息＝0」、すなわち「営業利益＝支払利息」となるが、この支払利息と一致する営業利益を基準として何倍の営業利益を稼いでいるかを示すものである。

インタレストカバレッジレシオは、一倍以下の会計期間が続くと銀行からの追加借入が困難になり、一般的には二〇倍以上あると優良だといえる。二〇一一年三月期は東日本大震災の影響によりセコムのインタレストカバレッジレシオは一時的に下落した。これは、販売用不動産評価損（仕掛販売用不動産評価損を含む）二〇七億円を計上したため、営業利益が八一〇億円と前期比一八・二％減少した影響が大きい。その後、超高齢化社会を見据えて「セキュリティ」をベースにサービスを創出する取り組みを行ったため、営業利益が増え、右肩上がりのグラフになっている。セコムはこの一〇年間で最低の数値となった二〇〇九年三月期においても、一般的に優良とされる数値の倍以上であり、安定した財務体質であることがわかる。

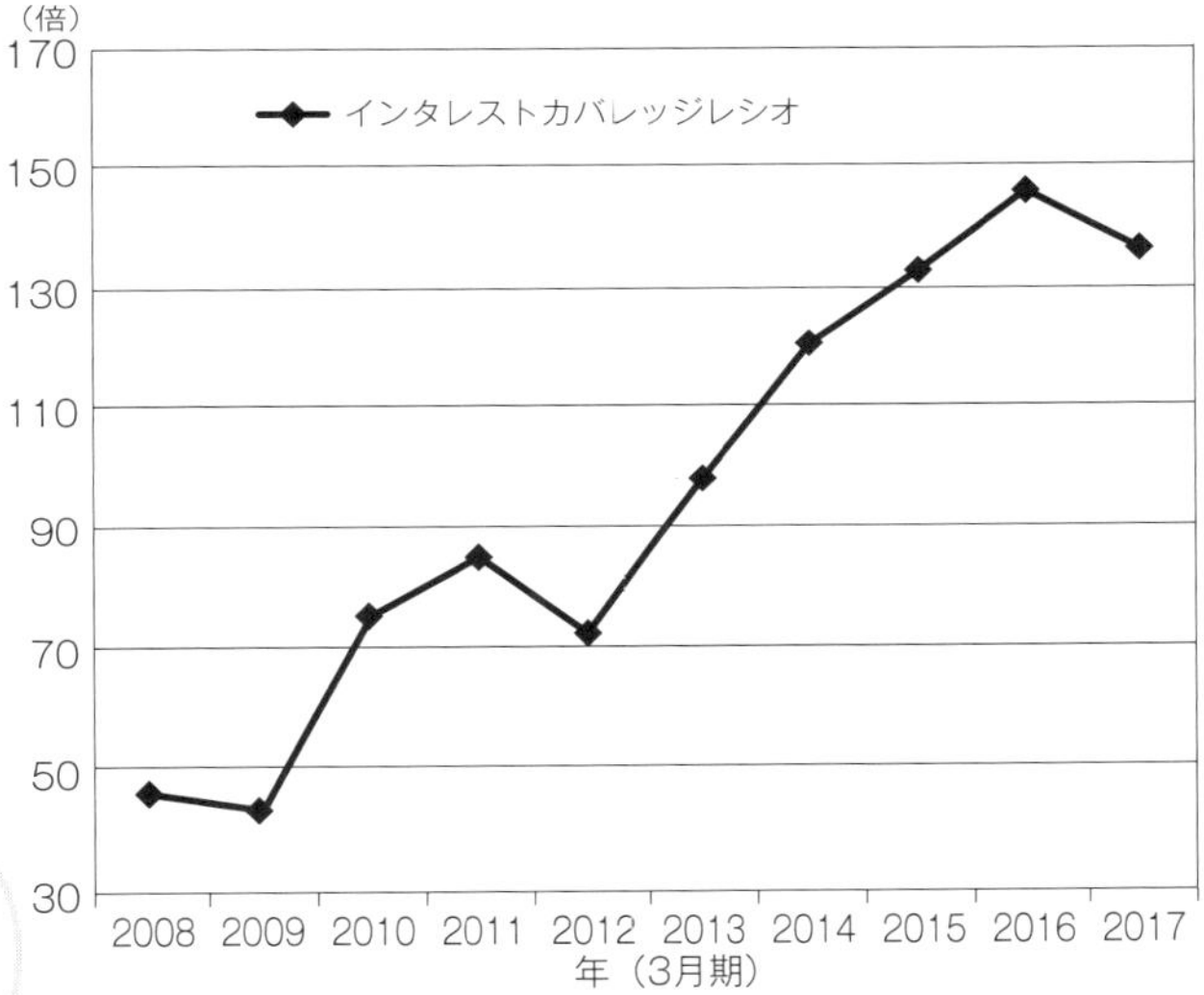

セコムは、販売用不動産を所有しているため、有事の際に大きく評価損を計上するビジネスモデルである。それにもかかわらずこの健全な財務体質を維持するのは、優れた経営によるところが大きい。例えば、二〇〇九年では、リーマンショックのあおりを受けた売上減に加え原価の上昇などが要因となり、前述のような結果となった。ところが翌二〇一〇年には大きく持ち直した。これは、営業利益率の改善や、持ち株会社であった東京美装興業の株式を売却するなど、さまざまな施策により、借入せずに事業を展開し、負債を圧縮できたことにある。このため、自己資本比率は四七・六％から五一・六％まで回復し、流動負債額も前期比一八％減少している。

競合他社との経営比較

ここでは業界首位のセコムと、その競合に当たる二位の綜合警備保障（アルソック）を比較することで、セコム全体の経営や財務の特徴をさらに細かく分析していく。

「組織は戦略に従う」という言葉が表すように、戦略が変われば参入する事業も変わりその企業の特徴を示す。競合に当たるとはいえ経営戦略が違えば財務体質も利益体質も異なる。事業ドメインが異なるため単純な比較はできないが、まずは両社の事業ポートフォリオから見ていく。セコムはセキュリティ、防災、メディカル、保険、地理情報サービス、情報通信、不動産・その他の七つの事業に国際事業を加え、各事業が連携することにより社会課題の解決を目指す「社会システム産業」の構築を標榜している。対してアルソックは、セキュリティ、綜合管理・防災、介護、その他の三つの事業を展開している。

両社が競合している事業はセキュリティをはじめ、セコムの防災とアルソックの綜合管理・防災、セコムのメディカルとアルソックの介護である。

セコムとアルソックは、その対象の顧客がかなり共通している。例えばセキュリ

両社の比較（2017年3月期連結）　（単位：百万円）

	セコム	アルソック
売上高	928,098	413,343
営業利益	131,050	28,422
経常利益	147,033	30,309
当期純利益	84,170	18,330
営業利益率（%）＊	14.1	6.9
経常利益率（%）＊	15.8	7.3
総資産	1,650,176	385,877
流動資産	761,804	199,627
流動負債	353,933	98,104

＊対売上高

ティについては、法人・個人向けを両社とも主力にしており、メディカルでは、シニアレジデンスの運営など、多くの活動が競合する。事業拡大の変遷を見ると、おおむねセコムを追随する形でアルソックも事業の多角化を進めている。両社の最も大きな違いは、事業の種類であるといえる。

売上高で警備業界二位であるアルソックと倍以上の差をつけて君臨するセコムは、まさに勝者の多角化戦略を取ることができる。こうした選択肢の違いが、全体にどのような影響を与えるのかを見ていく。

初めに財務体質を見ていく。この

分析で大切になるのは、絶対的な額ではなく比率である。たとえ総資産額が小さくても、現預金が多ければ倒産する心配はない。しかし、どんなに総資産額が大きくても、借り入れが多すぎたり、現預金がなくなると会社は倒産してしまうからである。今回はその期の安全性を表す流動比率（流動資産÷流動負債×一〇〇）を見ていく。この指標は、一〇〇％以上あれば短期的な支払能力が支払義務をまかなえることを示す。二〇一七年三月期の決算短信では、両社とも二〇〇％を超える優良企業である。

近年で注目したいのは、流動資産の内訳の変化である。二〇一六年三月期における流動資産に占める「現金護送業務用現金及び預金」（アルソックは「警備輸送業務用現金」と表示）の割合が、セコムは前期の八％から一八％まで上昇しているが、アルソックは四五％から三八％まで低下している。セコムは二〇一五年一二月にアサヒセキュリティを連結子会社化し、現金輸送業務の強化を図っている。逆にアルソックは現金輸送業務を含めて、売上の約二四％を金融機関に依存しており、他業種への販促強化、多角化事業の収益化に力を入れていく狙いが見て取れる。

次に利益体質を見ていく。二〇一七年三月期の決算短信では、セコムは前期比で売上が四七〇億円、当期純利益が七一億円増加しており、最高益を達成している。

アルソックは売上が三一五億円、当期純利益が五億円増加し、こちらも最高益を達成している。利益率でみていくと、セコムの営業利益率、経常利益率、当期純利益率は、それぞれ一四・一%、一五・八%、九・一%となっている。対してアルソックは、六・八%、七・三%、四・八%である。

利益率に注目すると、どこの年度を見てもセコムはアルソックの二倍前後の利益

両社のセグメント別売上高構成比（2017年3月期）

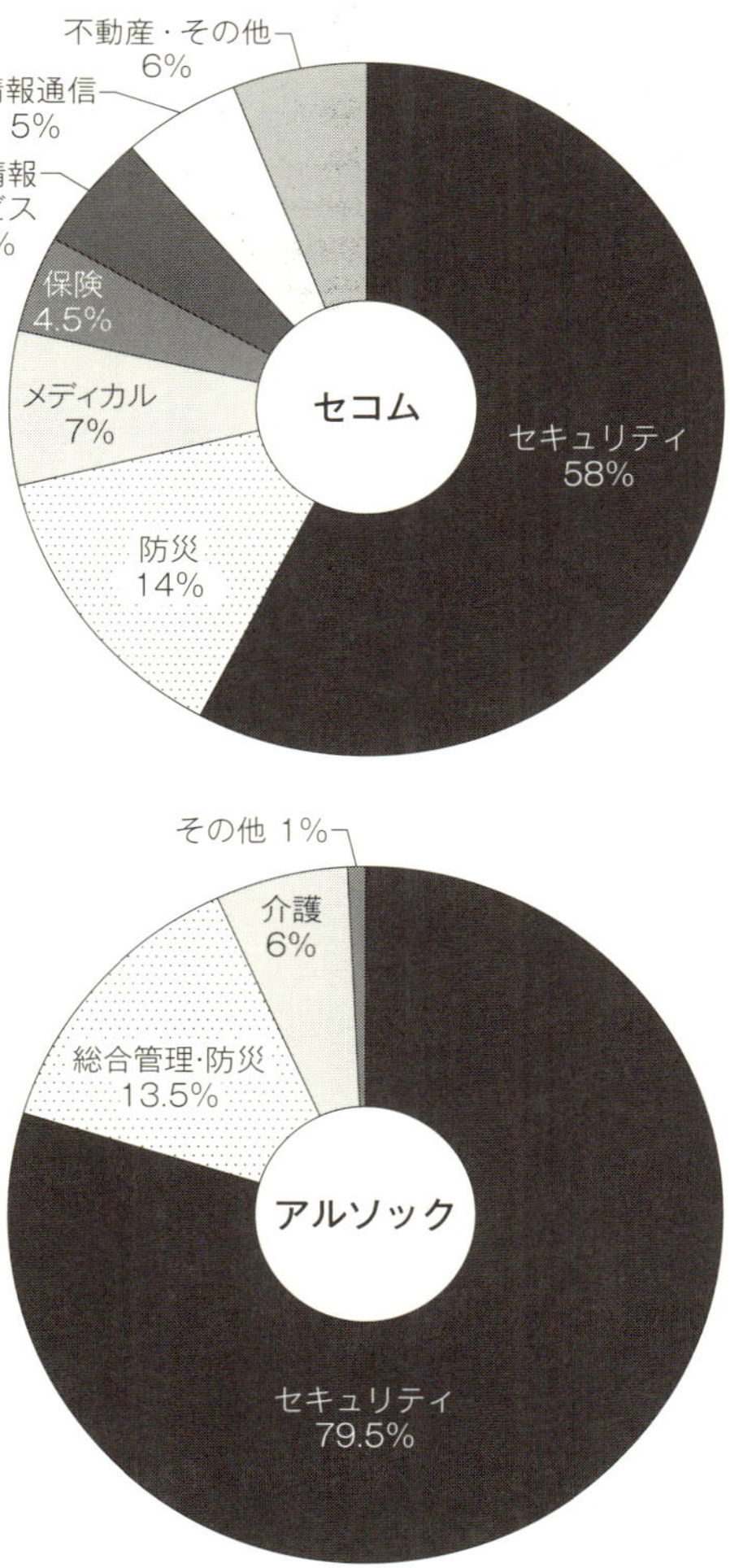

率を誇る。両社が主力としているセキュリティの利益率を比較すると、セコムは二〇%前後もあるのに対し、アルソックは一〇%未満であることが多い。この差はアルソックが労働集約的な「常駐警備」に力を入れているのに対し、セコムは資本集約的な「機械警備」を得意としている点にある。

財務体質の分析では、過去二年程度を参考にしたが、利益体質は過去一〇年間にさかのぼり分析していく。この理由として、財務分析をする際に使用する貸借対照表は一定点の状態に焦点を当てているのに対し、利益体質を分析する際に利用する損益計算書は一定期間の間のフローを記録したものだからである。つまり損益計算書とはプロセスの記録であり、貸借対照表はその結果を示すものである。利益体質を分析するにはどのようなプロセスで利益を出したかという行動を分析する必要があり、前述の戦略の違いを分析するには一定程度のフローを分析する必要があるからだ。

二〇〇八年三月期の有価証券報告書を見てみると、セコムはすでに六つの事業を展開していた。一方アルソックは、セキュリティ事業とその他事業の二つのみである。創業はどちらも一九六〇年代であるが、セコムは一九八〇年代から二〇〇〇年代にかけて事業の多角化を進め、売上高はアルソックの二倍強となっていった。

こうした傾向は、過去一〇年間の財務諸表にも表れている。例として、リーマンショックの影響のあった二〇〇九年三月期を見ていく。

二〇〇九年三月期では、セコムは前期比で売上も利益率も低下している。一方アルソックは、利益率は低下したが、売り上げは増加している。これはアルソックのほうが、実質的に利益率が悪化していることを意味している。この違いは、アルソックの事業体質が人的資本の投下に支えられており、これにより損益分岐点が高まってしまったことが原因である。この傾向はその翌年にも続いており、アルソックの営業利益率がさらに悪化しているのに対し、セコムは二〇〇八年三月期と同水準まで持ち直している。ただしセコムは、海外に広く展開していること、不動産などのリスク資産を有していることなどから、震災や欧州債務危機の影響が残る二〇一二年三月期では、利益率が悪化している。

以上のように、それぞれ戦略に従い異なるリスクを負っている。今後の展望としてアルソックは警備輸送を中心とした金融機関への依存の脱却を図っていくとみられる。そしてセコムは、財テクを駆使して安全性を高め、大量の現預金を積み立ててきた。この潤沢な資金と圧倒的な優位性を使用して、積極的に投資シェアを伸ばしていくだろう。

あとがき　セコムグループ経営分析の総括

セコムグループの発展は、戦後日本のセキュリティをはじめ防災の概念を構築した歴史であり、「社会システム産業」の発展の歴史といえる。日本初の警備会社として創業し、「警備保障」という造語を一般的な言葉まで浸透させ、そして初めてのオンライン・セキュリティシステムを開発、その後は世界初のコンピュータ・セキュリティ・システムを開発するに至った。

この一〇年の財務状況を振り返ると、安定した財務基盤を保ちつつ行った事業投資により、売上、利益を伸ばしている。直近三期の売上は連続で八〇〇〇億円を突破し、二〇一七年三月期の純利益は八四一億円と過去最高となった。営業利益は二〇〇八年三月期から二〇一七年三月期までに二五・一%増（一六三億円増）となり、セキュリティ事業や、防災事業、不動産・その他事業の伸びが目立つ。セコムの高収益率は注目すべき点であり、営業利益率はほぼ一二～一五%を保っている。高度情報化や、超高齢化などの社会の変化を見据えたサービス創出や、二〇一一年の東日本大震災後の企業の防災意識の高まりへの対応など、積極的な事業展開がこの高収益を生み出す要因である。防災事業では大手の能美防災、ニッタンなどが牽引し、現金護送事業ではアサヒセキュリティの連結子会社化により売上を伸ばしている。

二〇一〇年には新戦略「ALL SECOM」を発表し、各事業の連携をさらに強化した。経営資源の組み合せによる新たな改革、グループのシナジー強化により、それぞれの事業領域を拡大している。社会の変化、技術革新に対応すべく徹底して妥協を排除し利益率の向上に努めている。また、新規契約者の増加に対応すべく、研究開発、戦略的事業への投資などに内部留保を活用し、企業体質の強化と事業の拡大に努めていくという方針であり、安定した配当を行っている。

財務面においては、利益の積み増しによりキャッシュが増加しており積極的な事業展開が見て取れる。二〇〇九年三月期から二〇一〇年三月期までの一年で、他人資本が五一三億円減少、それ以来自己資本比率は五〇%以上となり、負債比率低下によって長期安全性が高まっている。また、セコムの流動比率は二〇〇七年三月期には約一六二%であったが、二〇一〇年三月期以降はほぼ二〇〇%以上で推移しており、短期の安全性も高いといえる。安全性の高さ、財務状態は常に改善されており、積極的な投資を支える基盤となっている。

日系企業のアジアや新興国への進出、投資が増加するなかで、セコムの海外事業にも注目したい。二四時間サービスのオンライン・セキュリティサービスを海外一二の国と地域で展開しており、日系企業、現地企業への売上増加が期待される。

一方、リスク要因を見ていくと、海外では中国を筆頭に経済の減速が今後も懸念されており、事業がグローバル、巨大化することにより世界情勢や為替の影響、グループ間取引など、複雑、多様なリスクを受けやすくなるため潜在的なリスクの発見・予防・対応できる体制を整備・維持していく必要がある。国内では震災などの有事の際の不動産事業のリスク、保険事業によるリスクなど、適正なリスクコントロールが求められる。

セコムは変革と独創的なサービスによる「現状打破」の精神で新しい発想を高い技術で支えてきた。ゼロからの新しい産業の構築、「セキュリティ」という概念を産業界から一般家庭に広めた過程で、セコム＝警備・セキュリティという社会の認識にまで高めた。

一九六四年の東京五輪でスポットが当たった「警備会社」が、東京二〇二〇オリンピック・パラリンピックにおいては日本ならではの「おもてなし」に満ちた、「安全・安心・快適・便利」なよりよいサービスの展開が期待される。

激しく変化する社会のなかで、選ばれる「スタンダード」としての「セコム」が、どのような新しい事業を展開していくのか、この健全な財務体質に裏打ちされた力強い投資に今後も期待したい。

chapter 8

第8章

セコムグループ企業紹介

セコムグループは、「安全・安心・快適・便利」な世の中を目指している。それを実現するために「社会システム産業」の構築を進めており、セキュリティをはじめ防災、メディカル、保険、地理情報サービス、情報通信、不動産の7事業に加え、国際事業に取り組んでいる。ここでは各事業を展開するグループ企業の特徴を紹介していく──。

セコムグループ全体像

セキュリティ …… セコム株式会社、セコム上信越株式会社、株式会社アサヒセキュリティ、東洋テック株式会社、セコム工業株式会社など

防　災 …… 能美防災株式会社、ニッタン株式会社など

メディカル …… セコム医療システム株式会社など

保　険 …… セコム損害保険株式会社など

地理情報サービス …… 株式会社パスコなど

情報通信 …… セコムトラストシステムズ株式会社、株式会社アット東京など

不動産 …… セコムホームライフ株式会社など

国　際 …… 中興保全股份有限公司（台湾）、株式会社エスワン（韓国）、セコムPLC（英国）など

※会社・代表者名は2017年6月30日時点、売上高は2017年3月期、資本金・従業員数は2017年3月31日時点

セコム株式会社

設立	1962 (昭和37) 年7月7日
資本金	663億円
売上高	9280億9800万円 (連結)
従業員数	58,596人 (セコムグループ総数)
代表者	中山 泰男 (代表取締役社長)
本社所在地	東京都渋谷区神宮前1-5-1
ホームページ	https://www.secom.co.jp/
事業内容	①オンライン・セキュリティシステム (企業向けオンライン・セキュリティシステム、家庭向け「セコム・ホームセキュリティ」) ②常駐警備サービス ③現金護送サービス ④安全商品の販売、取付工事、保守 (出入管理、監視カメラ、消火システム等)

会社の特徴

セキュリティのパイオニア

1962年に日本で初めての警備保障会社として設立。1966年には日本初の企業向けのオンライン・セキュリティシステム、そして1981年には家庭向けにホームセキュリティシステムを発売し、グループのセキュリティ契約件数は220万件を超えるまでに成長している。

また、2001年にはGPSを使い屋外でも個人や車の安全を見守るサービス「ココセコム」を開始。2015年には、世界初の民間防犯用の自律型小型飛行監視ロボット「セコムドローン」のサービスを開始するなど、常に時代に先駆けた革新的なサービスを開発、提供してきた。

さらに、海外展開にも積極的に取り組み、現在、12の国と地域でセキュリティサービスを提供している。

ALL SECOMで「社会システム産業」の構築

セコムは「社会システム産業」の構築を目指し、セキュリティに加え、防災、メディカル、保険、地理情報サービス、情報通信、不動産の7つの事業を展開し、海外21の国と地域に進出している。

そして、これらの事業を融合し、新たな価値を生み出す取り組み“ALL SECOM”により、「セキュリティ」「超高齢社会」「災害・BCP・環境」の3つの分野で、社会のあらゆる不安や日常の困りごとを解決するサービスの創出に努めている。

「あんしんプラットフォーム」実現へ

2017年、創立55周年を機にセコムは、「2030年ビジョン」を策定。セコムが培ってきた社会とのつながりをベースに、産・官・学などのパートナーとともに、暮らしや社会に安心を提供する社会インフラ、「あんしんプラットフォーム」の実現を目指す。一人ひとりの不安や困りごとに対して、きめ細やかな切れ目のない安心を提供し、多様化する安心ニーズに応えていく。

セキュリティ

セコム上信越株式会社

本社

設立	1967（昭和42）年5月25日
資本金	35億3000万円
売上高	236億4300万円（連結）
従業員数	1,746人（連結）、950人（単体）
代表者	竹田 正弘（代表取締役社長）
本社所在地	新潟県新潟市中央区新光町1-10
URL	http://www.secom-joshinetsu.co.jp/
事業内容	①オンライン・セキュリティシステム（企業向けオンライン・セキュリティシステム、家庭向け「セコム・ホームセキュリティ」） ②常駐警備サービス ③現金護送サービス ④安全商品の販売、取付工事、保守（出入管理、監視カメラ、消火システムなど） ⑤メディカル事業（介護関連サービス） ⑥損害保険代理店
関係会社	（国内）セコムジャスティック上信越㈱、セコムテクノ上信越㈱、セコム佐渡㈱

会社の特徴

上信越セキュリティのパイオニア

1966年、創業者・野沢謹五が、日本警備保障㈱（現・セコム）に業務提携を申し入れ、1967年に新潟で初めての警備保障会社として「日本警備保障新潟㈱」を設立。

1969年群馬支社と長野支社を開設し、「日本警備保障上信越㈱（現 セコム上信越㈱）」に商号変更。1971年に企業向けのオンライン・セキュリティシステムの提供を開始した。

1988年、常駐警備サービスを行う「ジャスティック上信越㈱（現・セコムジャスティック上信越㈱）」を設立。1992年新潟県佐渡市をエリアとする㈱エスピーアラーム佐渡（現・セコム佐渡㈱）を子会社化。1994年安全商品・設備の保守・清掃などを行う㈱セコムメンテナンス上信越設立（2009年セコムテクノ上信越㈱に合併）。1998年㈱日警電業（現・セコムテクノ上信越㈱）を子会社化し、セコム上信越グループとして業容を拡大。2002年東京証券取引所市場第2部に上場した。

1998年長野オリンピック、2002年ワールドカップサッカー新潟会場、2008年G8労働大臣会合などで警備を実施した。

1998年には、ケア事業（介護関連サービス）に参入し、2014年「セコムケアセンター新潟」として、訪問介護、居宅支援および新潟市から地域包括支援センター業務を受託し、サービスを提供している。

セキュリティ

株式会社アサヒセキュリティ

設立	1998（平成10）年5月15日
資本金	1億円
従業員数	3,204人
代表者	村田 年正（代表取締役社長）
本社所在地	東京都港区海岸2-4-2
URL	http://www.assjapan.co.jp/
事業内容	①貴重品運搬警備サービス ②集配金サービス ③その他セキュリティ関連サービス

集配金サービス

会社の特徴

金融流通のオンリーワン企業へ

1971年に㈱ダイエーの子会社として創業、1998年に集配金と機械警備を中心に提供する会社として設立。

2002年に投資会社と銀行の協力を得てMBOを実施。2005年に㈱豊田自動織機を経て、2015年12月にセコムの100%子会社となる。

これを機に集配金サービスに特化して金融流通のオンリーワン企業を目指す。

全国、365日体制の構築

全国37カ所に事業所を開設し、全国の顧客に対し、365日金融流通が回り続ける仕組みを構築。

主なサービスは以下のとおり。

1.売上金回収サービス
顧客の要望に応じた売上金回収方式を提案。売上金の整理（精査）結果の本部への報告、金融機関への持ち込みと指定口座へ入金依頼実施。

2.釣銭作成配送サービス
必要な時に必要な量だけお届け。

3.商品券整理サービス
商品券、ギフト券の回収、整理も現金とセットで受託可。締め期間で集計し、指定先への送付。

4.出納室業務および金融機関のビジネスサービス業務の代行サービス
顧客店舗内にて顧客の現金管理。

5.カメラシステムサービス
犯罪抑止、ネットワーク監視・映像録画。

同社は日々、小売り・サービス・飲食業等の顧客の要望に沿ったサービス開発に努め、顧客から信頼されるパートナーになることを目指している。

東洋テック株式会社

本社

設立	1966（昭和41）年1月5日
資本金	46億1800万円
売上高	212億7400万円
従業員数	1,011人
代表者	田中 卓（代表取締役社長）
本社所在地	大阪府大阪市浪速区桜川1-7-18
URL	http://www.toyo-tec.co.jp/
事業内容	①オンライン・セキュリティシステム （企業向けオンライン・セキュリティシステム、家庭向け「関電SOS」） ②常駐警備サービス ③現金護送サービス ④安全商品の販売、取付工事、保守（出入管理、監視カメラ、消火システム等）
関係会社	（国内）㈱東警サービス、東洋テック姫路㈱、テックビルサービス㈱、㈱フジサービス、共同総合サービス㈱、㈱大阪ビルサービス、テック不動産㈱

会社の特徴

最高の品質をご提供

東洋テックは1966年1月、関西圏では初めて、かつ日本では他に例のない金融機関を主要な株主とする警備会社として設立。また1968年には、業界としては初めてとなる貴重品運搬警備の大臣認可を運輸省（現・国土交通省）から取得。ATM受託管理分野においても、業界としては初めてとなる「ISO9001認証」を取得。その他Pマークを取得するなど機械、人すべてのサービスを最高の品質で提供している。

「安心・安全・快適」のための幅広いサービスを展開

「人・街・未来をまもる」東洋テックとして、最新の設備・機器と、厳しい訓練を受けたスタッフが、24時間365日、企業・家庭の防犯対策をしっかりとサポート。

「空き家/留守宅管理サービス」や「顔認証による防犯システム」、「高齢世帯などへの緊急駆付けサービス」など、時代の要請に応じたサービスの提供に積極的に取り組んでいる。

ワンストップで建物をトータルサポート

防犯に加え、ビルメンテナンス、ビルクリーニング、建築物大規模修繕など、より安全で安心な建物環境を目指しワンストップで建物をトータルサポート。

また不動産の売買、仲介および鑑定、不動産の管理、賃貸の受託などに至るまで、建物に関することすべてに対応。

変革と挑戦

「東洋テックグループは、安心で快適な社会の実現に貢献します」を経営理念とし、「安心、快適な社会の実現を応援する企業グループ」、「信頼感と提案力で誰もが認める関西No.1企業グループ」を目指す。

また、中期経営計画では「変革と挑戦」をスローガンに、これまで以上に「変革」と「挑戦」を追求している。

セキュリティ

セコム工業株式会社

設立　1977（昭和52）年10月1日
資本金　4億9900万円
従業員数　316名
代表者　三浦 寿哉（代表取締役社長）
所在地　宮城県白石市福岡深谷字南沖8-1
URL　http://www.secom-kogyo.co.jp/
事業内容　①セキュリティ機器の開発・設計
②セキュリティ機器の製造
③セキュリティ機器・物品・AED・工事材料・ココセコムの配送
④ハーブの生産、販売

次世代ロボットで生産

会社の特徴

セコムの製造部門を担い 顧客の「安全・安心」を技術で支える

セコムのサービスを支える、先端技術と高品質なセキュリティ機器の製造を担うセコム工業は、セコムグループの中枢工場として1977年に設立。

セコム工業では、高品質･高信頼性のセキュリティ機器の設計･製造を主業務として、セコムグループ内で使用する制服や工事材料の調達ほか多彩な事業展開を行う。

製造では、少人数が生産工程の最初から最後までを担当する「セル生産方式」を導入することで、機器の変種変量生産を可能にし、多品種少量生産･短納期といった多様なニーズに対応。また、機器の設計では、品質・コスト・使いやすさ、そして環境配慮を常に追求している。

2012年に「自然と調和した最先端工場」をコンセプトに、新社屋を設立。「品質を作り込む」ために必要となる電波暗室やシールドルーム、恒温恒湿室など、多くの実験設備も備え、設計と製造が連携した、新たなものづくりの環境を整備した。

IoTを活用した挑戦 スマートファクトリーへ

生産効率向上のため、組立工程や検査工程へ次世代ロボットを導入している。さらに、自動化による夜間無人稼働によって作業者の負担軽減、そして原価低減を目指す。

また、工場内の設備をIoT化し、製造ラインの稼働状況や品質に関するデータ、作業者の動きをリアルタイムに分析し、稼働状況や生産工程での問題点を「見える化」する。これにより、迅速な意思決定や生産効率の最適化を行い、より高品質で高付加価値な製品を提供できる。

セコム工業はこれらを可能にするスマートファクトリーの実現に向けて、絶えず挑戦を続けている。

能美防災株式会社

本社

設立	1944（昭和19）年5月5日［創立1916（大正5）年］
資本金	133億200万円
売上高	953億2800万円
従業員数	1,466人
代表者	伊藤 龍典（代表取締役社長）
本社所在地	東京都千代田区九段南4-7-3
URL	https://www.nohmi.co.jp/
事業内容	①防災に関する受託実験・企画・提案 ②各種防災設備、システムの企画、開発、設計、施工、保守 ③上記機器の設計、製造、販売 ④駐車場車路管制システムの設計、製造、施工、販売および保守
関係会社	（国内）日信防災㈱、能美エンジニアリング㈱ （海外）上海能美西科姆消防設備有限公司、台湾能美防災股份有限公司

会社の特徴

防災事業のパイオニア

1924年、関東大震災を契機に能美防災の前身である能美商会が自動火災報知機による防災事業を創業。

1933年、国宝で初めて「三十三間堂」に自動火災報知設備を設置したのをはじめ、1968年には「霞が関ビル」に超高層ビル第1号の防災設備を設置するなど、防災事業のパイオニアとして業界初の商品を市場に提供し続け、日本の防災業界をけん引している。

また、2002年には業界初の自動試験機能付P型自動火災報知システム「進P」を販売開始。2013年には監視カメラ画像から煙の発生を検知する「画像処理煙検知システム」、さらに2015年には表示灯と発信機を一体化させグッドデザイン金賞を受賞した「リング型表示灯付発信機」を市場投入するなど、常に時代をリードした商品開発を行い、提供し続けている。

さらに、海外展開においては、主に東南アジア、中国、台湾、インドなどでのシェア拡大を目指している。また、海外市場での事業推進に向けた情報収集や市場調査を目的として駐在員事務所をドバイとシンガポールに設立した。

同社は、研究･開発から製造、施工、メンテナンスに至るまでの一貫体制の下で顧客に最新･最適な防災システムを提供し続けている。また、その技術力と商品力は顧客のみならず消防および各関係機関からの信頼も厚い。

同社には「防災事業のパイオニアとしての使命に徹し、社会の安全に貢献する」という社是（ミッション）がある。この社是（ミッション）を実践するため、能美防災の社員は、長年にわたって蓄積したノウハウを生かし、顧客一人ひとりのニーズに合った最適な防災システムをこれからも提供し続ける。

防災

ニッタン株式会社

設立	1925 (大正14) 年12月1日
資本金	23億200万円
従業員数	801人
代表者	板倉 秀樹 (代表取締役社長)
本社所在地	東京都渋谷区笹塚1-54-5
URL	http://www.nittan.com/
事業内容	消防用設備全般の工事施工、機器販売および保守点検業務
関係会社	(国内) ニッタン電子㈱、ニッタン電工㈱、㈱北海道ニッタンサービスセンター、㈱東北ニッタンサービスセンター、㈱名古屋ニッタンサービスセンター、㈱ニッタンサービスセンター大阪、㈱広島ニッタンサービスセンター、㈱四国ニッタンサービスセンター、㈱福岡ニッタンサービスセンター、㈱シェルビーチ、㈱相互電気商会、コンシリアム・ニッタンマリーン㈱ (海外) NITTAN EUROPE Ltd.、CN Scandinavia AB、日探消防設備 (中山) 有限公司、NITTAN ASEAN Co., Ltd.

ショールーム

会社の特徴

火災から人命と財産を守る

この思いを実現させるべく、ニッタンは1954年に創立。今もこの企業理念を掲げ、消防行政とともに歩み、消防機器の技術開発から製造、販売、設計、施工、メンテナンスまで一貫した総合防災ソリューションを提供している。

1965年に世界初の低電圧イオン式煙感知器を開発。国産初として認定を受けたこの製品は、当時、UL (米国損保協会) とULC (カナダ損保協会) の認定も受けた。その後も国内初の認定を受ける製品を多く輩出。2005年には、火災の煙と湯気やスプレーなどを識別する2波長光電式煙感知器が、画期的だとしてイギリスで製品革新技術大賞を受賞。

また、どの角度からも点灯していることが確認できるリング式表示灯 (オムニビュー) は2001年にアメリカで特許を取得(日本での特許取得は2010年)。現在ではこの技術がほかでも応用され、社会に貢献している。

同社は、総務省が推進する地理空間防災システムの構築を目指す次世代防災プロジェクトに参画し、地理空間情報をリアルタイムにビッグデータ分析し、スマートフォンなどを活用して避難誘導を行うシステムや、高度な消防・救助活動を支援するシステムの開発に取り組んでいる。

同社の防災設備は、一般ビルや住宅のみならず、学校、ホテル、駅、多目的施設さらに文化財、船舶、航空機などあらゆる場所で活用されている。海外でも拠点を構え、防災システムの普及に取り組んでいる。

これからも同社独自の商品やサービスを通じ、社会に「安全・安心」を届けることを使命として、防災の広範なニーズに積極的に応えていく。

メディカル

セコム医療システム株式会社

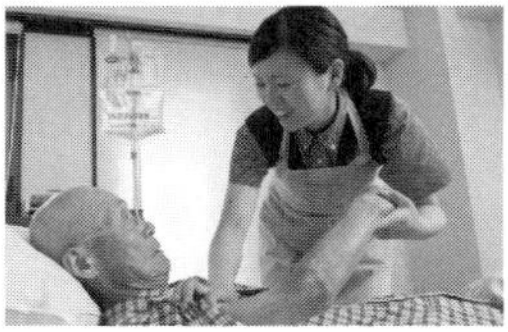
訪問看護サービス

設立	2002（平成14）年3月1日
資本金	1億円
従業員数	376人
代表者	小松 淳（代表取締役社長）
本社所在地	東京都渋谷区神宮前1-5-1
URL	http://medical.secom.co.jp/
事業内容	①医療（調剤薬局、訪問看護、遠隔画像診断支援、電子カルテ、病院運営支援など） ②介護（訪問介護、通所介護、有料老人ホームなど） ③健康・予防（会員制健康管理、予防医療）
関係会社	（国内）セコムメディファーマ㈱、㈱マック、セコムフォート多摩㈱、セコムフォート㈱、セコムフォートウエスト㈱、㈱プライムステージ、㈱アライブメディケア （海外）Sakra World Hospital

会社の特徴

セコムのメディカルサービス

「安心で快適な暮らしを営むうえで、医療・介護・健康は必要不可欠なセキュリティである。」という考えのもと、1988年に米国の救急医療会社をM&Aしたことから始まる。

その後、1991年に訪問看護ステーション設立、同年クリーンルーム（無菌調剤室）を持つ調剤薬局を開設し、在宅医療サービスを開始。

1994年には遠隔画像診断支援サービス「ホスピネット」を開始、2001年にはクリニック、訪問看護ステーション、薬局、患者様の間で情報を共有できる、本格的な在宅医療向け「ユビキタス電子カルテシステム」を開発・発売、2015年には病院経営情報分析システム「セコムSMASH」を提供し、医療ICT化を進めている。

また、1994年からは在宅介護サービスも開始、2004年からはデイサービスの運営にも参画している。1996年からは、「サクラビア成城」、2000年「コンフォートロイヤルライフ多摩」、2006年「コンフォートガーデンあざみ野」、2009年「コンフォートヒルズ六甲」と4カ所の介護付有料老人ホームの運営も行っている。

国内で20病院と提携し、病院運営支援にも取り組んでいる。急性期病院から療養型病院まで北海道、千葉県、東京都、神奈川県、大阪府、兵庫県で展開をしている。

メディカルサービスの海外展開

2014年3月には、日本で二十数年取り組んできた日本式医療をインドで展開するため、インド・ベンガルールにセコム、豊田通商、JBIC（国際協力銀行）の3社合弁で総合急性期病院「Sakra World Hospital」（294床）を開院した。

セキュリティとともに、ICTを活用して医療・介護サービスをシームレスにつないだ地域連携モデルを、日本国内はもとより、世界でも展開していくことを目指す。

保険

セコム損害保険株式会社

本社

設立	1950（昭和25）年2月4日
資本金	168億800万円
正味収入保険料	438億6800万円
従業員数	474人
代表者	金子 博継（代表取締役社長）
本社所在地	東京都千代田区平河町2-6-2 セコム損保ビル
URL	https://www.secom-sonpo.co.jp/
事業内容	損害保険業

会社の特徴

半世紀以上の経験と実績を持つ新しい保険会社

セコム損害保険は1950年に東洋火災海上保険㈱として設立。1998年にセコムの資本参加と同時にセコムグループの一員として社名をセコム東洋損害保険㈱に変更。

その後、2000年にはセコム損害保険㈱とし、現在に至る。創業から培ってきた保険会社の経験・実績とセコムグループが提供する「安全・安心」を融合し、斬新な商品やサービスを開発・販売し、法人・個人を問わず幅広い顧客のニーズをつかんでいる。

自由診療保険メディコム（新ガン治療費用保険）

業界に先駆けて実損てん補型のガン保険を開発。自由診療・公的保険診療を問わずガンの入院治療費を実質自己負担0円にするガン保険。

さらに、通院治療費は5年ごとに1000万円まで補償。経済的な負担を気にすることなく、安心してベストな治療を目指すことが可能な商品として評価が高い。

セコム安心マイホーム保険

ホームセキュリティやオール電化が導入された住宅には保険料の割引制度があるほか、顧客の住まいの状況に応じた補償選択が可能な住宅専用の火災保険。火災や盗難により保険金を支払った場合に、再発防止を目的として設置した消火設備や監視カメラの費用などを補償する「セキュリティ・グレードアップ費用」も顧客の安心をバックアップしている。

火災保険セキュリティ割引

セキュリティシステム導入によるリスク軽減効果を保険料の割引に反映させた法人や個人事業主のための火災保険。

セコム安心マイカー保険

セコムの緊急対処員が顧客の要請にもとづいて事故現場へ駆けつける「セコムの現場急行サービス」で、顧客にセコムグループならではの「安全・安心」を提供している。

地理情報サービス

株式会社パスコ

設立	1949(昭和24)年7月15日[創業1953(昭和28)年10月27日]
資本金	87億5800万円
売上高	517億6600万円(連結)
従業員数	2,748人
代表者	古川 顕一(代表取締役社長)
本社所在地	東京都目黒区東山1-1-2
URL	https://www.pasco.co.jp/
事業内容	空間情報サービス事業 ①行政業務の効率化支援や住民サービスの向上など ②業務効率化や物流の最適化、戦略立案、災害リスク対策など ③国土保全・管理、災害・環境対策、インフラ維持管理など
関係会社	(国内)東日本総合計画㈱、㈱PASCO SPACE MAPPING TECHNOLOGY (海外)Aerodata International Surveys BVBA、Keystone Aerial Surveys Inc.

会社の特徴

空間情報のリーディングカンパニー

航空測量会社として誕生したパスコは、当初から官公庁や地方自治体などの顧客からの要請に対し、測量を行い、地図を整備し提供するという社会の基盤整備事業に携わっている。地図が担う役割は、今や社会システムの基盤となる空間情報へと変化し、国土の発展や維持管理、防災対策、組織運営の効率化や意思決定などに必要不可欠な情報として重要度を増している。

同社は、人工衛星、航空機、計測車両、船舶などを複合的に活用した空間情報の収集力を高め、情報の加工・処理・解析技術を社会の課題解決のためのサービスとして提供する、空間情報の新しい活用領域の開拓に努めている。

自然災害の脅威に立ち向かう

世界各国で頻発する台風や集中豪雨、地震による土砂崩れや津波などの被害から人命や財産を守るために空間情報技術の活用を積極的に行っている。

過去の災害、地形や発生要因などから、被害の影響範囲を想定した対策の立案のほか、災害発生時には保有する技術をフルに活用して被災状況の迅速な把握を行い、災害復旧・復興に大きく貢献している。

社会インフラ老朽化、少子高齢化に対応

社会インフラの老朽化や少子高齢化が進むなか、地方財政の健全化が大きな課題となっている。

同社は、ICTと空間情報技術を融合した行政業務の効率化支援、道路や上下水道などの社会インフラの維持管理やライフサイクルコストの最適化、物流の効率化などのほか、最先端の計測技術を活用した土木工事現場の生産性向上などの空間情報サービスを提供している。

情報通信

セコムトラストシステムズ株式会社

セキュアデータセンター

設立	1985（昭和60）年8月12日
資本金	14億6800万円
売上高	384億万円
従業員数	953人
代表者	林 慶司（代表取締役社長）
本社所在地	東京都渋谷区神宮前1-5-1
URL	http://www.secomtrust.net/
事業内容	①大規模災害対策 ②情報セキュリティ ③データセンター
関係会社	（国内）セコムビジネスプラス㈱

会社の特徴

情報化社会の多様なニーズに応える

セコムトラストシステムズは、セコムグループの「情報システム」「ネットワーク」の構築・運用を行っており、セコムのオンライン・セキュリティで長年培ってきた「24時間365日体制の実績と信頼」で「安全・安心」の一翼を担っている。

このノウハウを生かして、セコムグループ外の顧客へも、情報化社会におけるさまざまなニーズに対応した先進的なサービスを提供し、"安全・安心・快適・便利の社会インフラ"の実現に貢献することを目指している。

国内最大級の危機管理サービスである"セコム安否確認サービス"をはじめとする「大規模災害対策サービス」、企業のBCP策定支援、防災備蓄品の販売、社員の参集を支援する「セコム非常呼集サービス」、復旧にあたる社員の情報連携を支援する「セコム災害ポータル」など、顧客の速やかな事業復旧と事業継続を支援するために常にサービスの進化・拡充を図っている。

セキュリティのプロが提供する「情報セキュリティサービス」

Webサイトや重要データのセキュリティ対策に加え、インターネットバンキングの不正送金対策や、標的型攻撃対策としてのインターネット分離など、サイバー攻撃への抜本的な安全対策となるサービスを提供している。

また、信頼できる純国産の認証事業者として電子証明書を発行している。自社の電子証明書をさまざまな領域で活用しており、近年では電子証明書を活用して「安全・安心」なIoT利用環境の実現にも取り組んでいる。

一方、セコムのセキュリティ事業で培ったノウハウと最新技術の粋を結集した「セキュアデータセンター」は、セコムグループが提供するサービスの根幹であるとともに、顧客に対しても"人的サービスというソフト"と"機器や通信回線というハード"を融合させた、セコムらしい高品質なサービスを提供している。

情報通信

株式会社アット東京

設立　2000（平成12）年6月26日
資本金　133億7800万円
従業員数　248人
代表者　中村 晃（代表取締役社長）
本社所在地　東京都江東区豊洲5-6-36
URL　http://www.attokyo.co.jp/
事業内容　情報通信システムを一括して集中管理するデータセンター事業

データセンター

会社の特徴

データセンターのリーディングカンパニー

アット東京は、ミッションクリティカルオペレーションを実現するデータセンターであり、設備や運営体制、サポートなど、あらゆる面で最上級のサービスを目指し、都内に4つのデータセンターを運営している。

同社のデータセンターは極めて信頼性の高い電源設備を誇る。例えば、中央センター（CC1）では世界初の地下式超高圧変電所から地中のケーブル2系統で受電すると同時に、バックアップとしてさらに別のところからもう1系統の受電を行っている。

また、建屋は最先端の免震構造で大規模地震に向けた対策がとられ、世界規模のリスクマネジメント会社の地震リスク分析でも最高ランクの評価を取得、世界最高クラスの堅牢性を誇るデータセンターとして稼働継続をサポート。さらに、完璧な機密性のため、最適配置の警備員による有人監視、カメラ、センサー、生体認証装置など、何重ものセキュリティを講じている。

そして、海外の顧客に対しては、営業対応から運用に至るまで英語・日本語のバイリンガルで対応している。

「社会システム産業」の一端を担う

変化の激しい情報化社会では、データセンターへの要求がますます多様化している。現在、アット東京は国内外の多くの顧客に、また大手ISP、IX、OTTといった多様な事業者に利用されており、これもアット東京が24時間・365日ミッションクリティカルな安定した環境を実現しているからである。

これからのデータセンターは「どのようにビジネスを発展させ価値を創造できる環境をつくるか」が、非常に大事になってくるであろう。

アット東京のデータセンターを利用することにより、顧客のビジネスを発展させ、新たな価値を創造すること、そして「24時間365日・ノーダウンオペレーション」という確固たる信念に基づき、セコムグループ各事業との融合を通じて社会に新たな付加価値を提供することで、「社会システム産業」の実現に貢献していく。

不動産

セコムホームライフ株式会社

設立	1966 (昭和41) 年5月23日
資本金	37億円
従業員数	110人
代表者	山下 英一 (代表取締役社長)
本社所在地	東京都渋谷区千駄ヶ谷4-19-12
URL	https://www.secom-shl.co.jp/
事業内容	①分譲マンション事業 ②賃貸マンション事業 ③不動産仲介事業
関係会社	(国内) ホームライフ管理㈱

本社

会社の特徴

セコムらしいマンションの開発

1997年セコムグループ入り、2000年セコムホームライフ㈱に社名変更。「安全・安心な新たな住生活」を提供するため、「GLORIOマンションシリーズ」を開発・販売している。

セコムの最新マンションセキュリティシステム導入により、防犯・防災などの機能を強化したセキュリティマンション、セコムグループの各種サービスを融合させたマンションの開発を目指している。

セキュリティマンションは、住む人々の笑顔あふれる暮らしを護る「4つの安全・安心性能」を標準仕様化。1.専有部を守る、2.共用部を守る、3.火災を防ぐ、4.盗難から護る、である。

また、セコムの長年の経験に基づく機能を盛り込んだ、コンロ火災自動消火システム(トマホークジェットアルファ)、壁埋め込みセキュリティ収納庫などを居室内に、エントランスやエレベータには画像監視要請システム(SECOM IX)や防犯カメラを設置している。

リノベーションマンション

中古マンションの建物を残しつつ、年数の経過とともに使い勝手が悪くなった部分を最新のものに生まれ変わらせたリノベーションマンションを販売している。

セコムのセキュリティシステム導入に加え、キッチンなどの居室内住宅設備、エレベータなどの共用設備の交換だけでなく、建物自体にバリューアップ工事を施す。新築よりも費用を抑えながら、住む人々の生活スタイルに合った間取りへ変更することもできる。

住まいの情報館

住まい探しや困りごとを丁寧にサポートする窓口。住まいに関する相談に対し、安心の第三者的立場で、内容に応じた専門家へつなぐ。「はじめてのマンションセミナー」をはじめとする各種セミナーの開催や、セコムの最新マンションセキュリティを体験できるモデルルームも備えている。

中興保全股份有限公司

技術センター

設立	1978（昭和53）年1月8日
資本金	45億1197万ニュー台湾ドル
売上高	134億8019万ニュー台湾ドル（2016年12月末、連結）
従業員数	2,572人（2017年3月末、単体）
代表者	林 孝信（董事長）、小野寺 博史（総経理）
所在地	台北市大同區鄭州路139號
URL	http://www.secom.com.tw/
事業内容	①オンライン・セキュリティシステム　②常駐警備サービス　③現金護送サービス　④安全商品の販売、取付工事、保守（出入管理、監視カメラ、消火システムなど）　⑤AED
関係会社	（国内）國興保全、國昀保全、國雲保全、立保保全、國雲公寓大廈管理維護、博訊科技、立偉電子、中保物流

会社の特徴

セコム初の海外現地法人

中興保全股份有限公司は、1978年に台湾の國産実業グループと合弁で、セコム初の海外現地法人として設立。以来、企業から家庭まで、幅広くオンライン・セキュリティシステムを提供。また、グループ会社を通じて常駐警備サービスや現金護送サービスも提供している。

1993年には警備会社として初めて台湾株式市場に上場し、現在では台湾全土にサービスを展開。契約件数は約18万件にのぼり、街の至る所に「中興保全SECOM」のステッカーが見られる、台湾でトップのセキュリティ会社となっている。

2005年12月からは台湾初のGPS位置情報提供システム「MiniBond（ミニボンド）」の提供を開始。2010年には台湾初の国際博覧会「2010台北国際花博覧会」にて、常駐警備サービスや監視カメラシステム、AEDなどを提供し、幅広いトータルなセキュリティシステムの提供も行った。

中保無限＋で、より良い生活を

2015年1月からはIoT技術を活用した「中保無限＋（プラス）システム」の提供を開始。セキュリティのほか、電化製品・電気錠制御、省エネ・節電管理、スマートホーム、健康管理など、暮らしを快適にするさまざまなサービス機能を実現。また、送迎サービス、高齢者向け付き添いサービスなど、サービスラインアップも充実させた。

2016年3月には「中保無限＋システム」や各サービスを展示する「中保無限家サービスショップ」1号店をオープン。現在では9店舗を展開し、店内ではコーヒーやグループ会社が製造するパンや軽食を販売し、地域住民を対象にセキュリティ講習会を開催するなど、地域住民の間に中興保全が溶け込む集いの場となっている。

中興保全は今後も「社会システム産業」の構築を目指し、コーポレートメッセージである「より良い生活の総和」を拡充すべく、「安全・安心」を提供していく。

国 際

株式会社エスワン

本社

設立	1981（昭和56）年1月26日
資本金	189億9900万ウォン
売上高	1兆8302億ウォン（2016年12月末、連結）
従業員数	6,108人（2016年12月末、単体）
代表者	陸鉉杓（ユク ヒョンピョ）（代表理事社長）
本社所在地	大韓民国ソウル特別市中区世宗大路7ギル25
URL	https://www.s1.co.kr/eng/index.do
事業内容	①オンライン・セキュリティシステム ②常駐警備サービス ③安全商品の販売、取付工事、保守（出入管理、監視カメラ等） ④情報セキュリティサービス ⑤ビル管理事業

会社の特徴

韓国でもセキュリティ No.1

1981年にサムスングループと合弁で設立、韓国初のオンライン･セキュリティシステムを提供開始し、1996年に業界初で韓国株式市場に上場した。韓国内に現在207拠点を配置し、韓国全土で家庭から大型施設まであらゆる場所で安全と安心を提供している。それらサービス･商品はセコムのノウハウとエスワン独自で培った経験と技術を融合させたものであり、韓国内オンライン･セキュリティにおけるマーケットシェアは50%以上、提供先は70万件以上にまで成長している。

新分野にも進出

2010年、PCやネットワークへの不正アクセス監視や情報漏洩対策を行う情報セキュリティ分野に進出。2012年、車両に装着した端末から各種車両情報をエスワンのサーバーに保存管理し、顧客がWebでリアルタイムに車両の位置や運行情報等を確認できる車両運行管理サービス（UVIS）を開始。2013年、高齢者や幼年者を主な対象とし、モバイル端末で非常通報や位置追跡ができる安心モバイル事業を開始。2014年、ビル管理事業を買収し、ビルオーナーや入居者を対象にしたビル施設管理、仲介、投資コンサルティング等の不動産総合サービスを提供している。

注目の新商品

「SECOM IZI」：急増する一人世帯を主な対象にした防犯商品。パルス･レーダー技術を利用した「UWBセンサー」とホームカメラを一体化。スマートフォンで室内の様子を見られるだけでなく、留守中の無断進入の通知を受け取ることができる。

「映像基盤スピード違反探知ソリューション（2017年度中発売予定）」：エスワンが研究開発した映像分析アルゴリズムを活用し、カメラで撮影した映像分析だけで自動車のスピード違反を検知。ループコイルを地中に埋設する従来方式に比べ施工費を3分の2に抑えることができる。

セコムPLC

設立　1996（平成8）年1月1日
資本金　4413万ポンド
従業員数　803人（2016年12月末）
代表者　竹澤 稔（代表取締役社長）
本社所在地　Secom House, 52 Godstone Road, Kenley, Surrey, CR8 5JF
URL　https://www.secom.pc.uk/
事業内容　①オンライン・セキュリティシステム（企業向けオンライン・セキュリティシステム、家庭向けホームセキュリティ）
②安全商品の販売、取付工事、保守（出入管理、監視カメラ、防災システムなど）

コントロールセンター

会社の特徴

英国第3位のセキュリティ企業に成長

セコムは1991年4月に英国のキャロルセキュリティグループを買収し、英国におけるセキュリティ市場に参入。1995年6月には全国規模のアンバサダーセキュリティサービスを買収、翌年の1996年1月に両社を合併し、セコムPLCを設立した。

セコムPLCは、英国のセキュリティ業界で第3位のセキュリティ会社に成長、英国全土に拠点網を張り巡らせ、オンライン・セキュリティ・サービスを提供。契約件数は5万5,000件を超え、商業施設、オフィス、一般家庭、金融機関、警察機関や政府機関等さまざまな顧客へセキュリティサービスを提供、評価は高い。

質の高いサービスで業容を拡大

英国はセキュリティ業界の歴史が長く、最も成熟した市場であるが、伝統的にアラーム会社はセキュリティ機器の販売、設置工事を主とする業態。その市場環境で、セコムは「セキュリティは機械装置として売られるべきものではなく、質の高いサービスとして社会に提供されるべき」という信念に基づき、顧客の安全・安心を守ることを主眼とした手厚いサービスに注力。システムの設置、保守、監視、緊急対応まで一貫したより日本的な高品質のサービス体制を整備。事業理念として「クオリティ・サービス・プロバイダー（QSP）」を掲げており、他社とは一線を画す顧客志向の事業展開を行っている。

2011年以降は、金融機関へのセキュリティに特化したハイセキュリティサービス部門も組織し、銀行向けのサービス提供基盤を強化。RBS銀行、HSBC銀行などといった英国のメガバンクにもセキュリティサービスを提供、高い信頼を得ている。

2017年3月には北アイルランドに本社を持つスキャンアラームを子会社化、英国全土に高品質なサービスを提供する体制を整え、さらなる業容拡大を目指す。

セコム北陸株式会社

設立　1969（昭和44）年2月3日
資本金　2億100万円
従業員数　453人
代表者　柳内 清孝（代表取締役社長）
所在地　石川県金沢市香林坊2-4-30 香林坊ラモーダ
URL　http://www.secom-hokuriku.co.jp/

事業内容　①オンライン・セキュリティシステム（企業向けオンライン・セキュリティシステム、家庭向け「セコム・ホームセキュリティ」）②常駐警備サービス　③現金護送サービス　④安全商品の販売、取付工事、保守（出入管理、監視カメラ、消火システム等）⑤損害保険代理店

セコム山梨株式会社

設立　1972（昭和47）年11月10日
資本金　1500万円
従業員数　180人
代表者　守屋 潔（代表取締役社長）
所在地　山梨県甲府市徳行3-12-25
URL　http://www.secom-yamanashi.co.jp

事業内容　①オンライン・セキュリティシステム（企業向けオンライン・セキュリティシステム、家庭向け「セコム・ホームセキュリティ」）②常駐警備サービス　③現金護送サービス　④安全商品の販売、取付工事、保守（出入管理、監視カメラ、消火システム等）⑤損害保険代理店

セコム三重株式会社

設立　1966（昭和41）年12月14日
資本金　5000万円
従業員数　290人
代表者　前田 良一（代表取締役社長）
所在地　三重県津市寿町14-15
URL　http://www.secom-mie.co.jp

事業内容　①オンライン・セキュリティシステム（企業向けオンライン・セキュリティシステム、家庭向け「セコム・ホームセキュリティ」）②常駐警備サービス　③現金護送サービス　④安全商品の販売、取付工事、保守（出入管理、監視カメラ、消火システム等）⑤損害保険代理店

セコム山陰株式会社

設立　1972（昭和47）年8月24日
資本金　2億9000万円
従業員数　204人
代表者　佐藤 陽一（代表取締役社長）
所在地　島根県松江市北陵町34
URL　http://www.secom-sanin.co.jp

事業内容　①オンライン・セキュリティシステム（企業向けオンライン・セキュリティシステム、家庭向け「セコム・ホームセキュリティ」）②常駐警備サービス　③現金護送サービス　④安全商品の販売、取付工事、保守（出入管理、監視カメラ、消火システム等）⑤損害保険代理店　⑥コンサルティング事業　⑦情報提供サービス事業　⑧データセンター事業　⑨動産・不動産賃貸事業

セコム高知株式会社

設立 1972（昭和47）年8月1日
資本金 5000万円
従業員数 109人
代表者 植村 博史（代表取締役社長）
所在地 高知県高知市北本町4-2-12
URL http://www.secom-kochi.co.jp
事業内容 ①オンライン・セキュリティシステム（企業向けオンライン・セキュリティシステム、家庭向け「セコム・ホームセキュリティ」） ②常駐警備サービス ③現金護送サービス ④安全商品の販売、取付工事、保守（出入管理、監視カメラ、消火システム等） ⑤損害保険代理店

セコム宮崎株式会社

設立 1972（昭和47）年6月1日
資本金 3000万円
従業員数 120人
代表者 山田 隆史（代表取締役社長）
所在地 宮崎県宮崎市橘通西4-3-4
URL http://www.secom-miyazaki.co.jp
事業内容 ①オンライン・セキュリティシステム（企業向けオンライン・セキュリティシステム、家庭向け「セコム・ホームセキュリティ」） ②安全商品の販売、取付工事、保守（出入管理、監視カメラ、消火システム等） ③損害保険代理店

セコム琉球株式会社

設立 1968（昭和43）年8月14日
資本金 7600万円
従業員数 181人
代表者 宮里 一（代表取締役社長）
所在地 沖縄県那覇市久茂地1-7-1 琉球リース総合ビル3F
URL https://www.secom-ryukyu.co.jp/
事業内容 ①オンライン・セキュリティシステム（企業向けオンライン・セキュリティシステム、家庭向け「セコム・ホームセキュリティ」） ②安全商品の販売、取付工事、保守（出入管理、監視カメラ、消火システム等） ③損害保険代理店

セコムジャスティック株式会社

設立 1986（昭和51）年5月1日
資本金 1億円
従業員数 2,800人
代表者 堀田 守弘（代表取締役社長）
所在地 東京都文京区目白台2-7-8
URL http://www.secom-jastic.co.jp/
事業内容 ①施設警備（常駐警備サービス） ②身辺警備サービス ③イベント警備・その他特殊警備

セコムスタティック北海道株式会社

設立 1995（平成7）年8月16日
資本金 5000万円
従業員数 53人
代表者 佐藤 吉昭（代表取締役社長）
所在地 北海道札幌市大通西3-7
事業内容 施設警備（常駐警備サービス）

セコムスタティック東北株式会社

設立　1995（平成7）年8月16日
資本金　5000万円
従業員数　86人
代表者　水野 都飽（代表取締役社長）
所在地　宮城県仙台市青葉区一番町2--1-2
事業内容　施設警備（常駐警備サービス）

セコムスタティック関西株式会社

設立　2001（平成13）年10月1日
資本金　5000万円
従業員数　190人
代表者　小山 政俊（代表取締役社長）
所在地　大阪府大阪市中央区北浜2-5-22
事業内容　施設警備（常駐警備サービス）

セコムスタティック西日本株式会社

設立　1995（平成7）年8月17日
資本金　5000万円
従業員数　245人
代表者　木村 一夫（代表取締役社長）
所在地　広島県広島市中区銀山町3-1
ひろしまハイビル21　7F
事業内容　施設警備（常駐警備サービス）

セコムジャスティック上信越株式会社

設立　1988（昭和63）年12月21日
資本金　4000万円
従業員数　821人
代表者　笹川 直幹（代表取締役社長）
所在地　新潟県新潟市中央区新光町1-10
URL　http://www.secomjas-j.co.jp
事業内容　①施設警備（常駐警備サービス）
②各種イベント警備

福岡流通警備保障株式会社

設立　1972（昭和47）年5月24日
資本金　2000万円
従業員数　55人
代表者　馬場 喜義（代表取締役社長）
所在地　福岡県福岡市東区多の津4-7-18
事業内容　①セキュリティ業務（機械警備、施設警備）　②防犯防災等に関する器具の販売に関する業務　③防災設備等の保守点検に関する業務　④損害保険代理業および自動車損害賠償保障法に基づく保険代理事業

JR九州セコム株式会社

設立　1990（平成2）年8月24日
資本金　1億円
従業員数　554人
代表者　川口 史（代表取締役社長）
所在地　福岡県福岡市博多区博多駅南2-1-9
URL　http://www.jrsecom.co.jp/
事業内容　①警備保障に関する事業　②警備および安全に関する調査、指導、助言等に関する事業　③建物、設備の管理・保全等の請負に関する事業　④防犯、防火、防災、救急および安全に関する設備・機器の販売に関する事業

日本安全警備株式会社

設立　1999（平成11）年6月1日
資本金　1億円
従業員数　282人
代表者　中村 泉（代表取締役社長）
所在地　兵庫県神戸市中央区西町35 三井神戸ビル7F
URL　http://www.ankei.co.jp
事業内容　①オンライン・セキュリティシステム　②現金、貴重品等の輸送および警備業務　③常駐警備等施設警備に関する業務　④ビル管理業務　⑤安全商品に関する機器販売

株式会社日本緊急通報サービス

設立　1999（平成11）年9月29日
資本金　11億4600万円
従業員数　15人
代表者　倉田 潤（代表取締役社長）
所在地　東京都港区赤坂3-21-13 ヒューリック赤坂ビル5F
URL　http://www.helpnet.co.jp/
事業内容　①情報通信機器、システムを媒介とする警察・消防などへの通報接続サービスおよび業務代行サービス　②交通・災害および危機関係情報通信センターの運営、管理　③電気通信事業法に基づく電気通信事業　④情報処理・提供、その他情報サービス

名鉄セコム株式会社

設立　2000（平成12）年7月25日
資本金　5000万円
従業員数　175人
代表者　髙木 英樹（代表取締役社長）
所在地　愛知県名古屋市中村区名駅南1-28-19　名南クリヤマビル4F
URL　http://www.meitetsu-secom.co.jp/
事業内容　①警備の請負に関する事業、建物・設備の安全管理などの請負に関する事業　②現金および貴重品の運搬事業　③その他セキュリティ商品の販売

株式会社メイアン

設立　1973（昭和48）年10月4日
資本金　6000万円
従業員数　180人
代表者　近藤 恭弘（取締役社長）
所在地　愛知県名古屋市昭和区御器所通1-26-1
URL　http://www.meian.co.jp/
事業内容　①オンライン・セキュリティシステム　②貴重品の輸送警備　③キャッシュコーナーの防犯・設備管理・障害対応　④常駐警備サービス　⑤防犯、防火のシステム工事ならびに保守点検

セコムウィン株式会社

設立　2004（平成16）年4月1日
資本金　1500万円
従業員数　2人
代表者　佐藤 謙一（代表取締役社長）
所在地　東京都渋谷区神宮前1-5-1
事業内容　①防犯ガラス（セコムあんしんガラス）の施工　②防犯フィルム等（セコムあんしんフィルム・住環境改善フィルム）の施工　③ガラス緊急割れ換えサービスの施工

日本原子力防護システム株式会社

設立　1977（昭和52）年7月21日
資本金　2億円
従業員数　637人
代表者　合澤 和生（代表取締役社長）
所在地　東京都港区虎ノ門2-10-1
URL　http://www.jnss.co.jp
事業内容　①原子力関係諸施設および電力関連施設等の防護システムおよび機器の設計、施工ならびに保守点検　②原子力関係諸施設および電力関連施設等の防護要員による警備　③原子燃料関連の輸送警備

オーテック電子株式会社

設立　1963（昭和38）年6月1日
資本金　2億円
従業員数　126人
代表者　横田 光司（代表取締役社長）
所在地　東京都千代田区神田美土代町5-2
URL　http://www.otec-elec.co.jp/
事業内容　①防犯、防災および安全に関する管理用設備機器およびシステムの製造、販売およびこれに関するコンサルタント業務　②駐車場管制装置の設計、製造および販売　③電気工事一般の請負および電気機器の取付工事　④土木工事一式の請負および取付施工工事　⑤電気通信工事一般の請負および取付施工工事　⑥上記各号に付帯する一切の業務

クマリフト株式会社

設立　1965（昭和40）年10月
資本金　1億円
従業員数　334人
代表者　熊谷 知哉（代表取締役）
所在地　大阪府大阪市西区京町堀1-12-20
URL　http://www.kumalift.co.jp
事業内容　エレベーター、小荷物専用昇降機（ダムウェーター）、搬送機、福祉機器など昇降機の製造・販売・据付・保守
関係会社　㈱沖縄クマリフト

セコムアルファ株式会社

設立　1987（昭和62）年3月9日
資本金　2億7100万円
従業員数　66人
代表者　西川 勝利（代表取締役社長）
所在地　東京都渋谷区千駄ヶ谷5-17-14
URL　http://www.secom-alpha.co.jp/
事業内容　①業務厨房用自動消火装置「トマホークジェット」の製造・販売を中心とした「防災事業」　②防災設備ならびに業務厨房に関連する「レンタルおよびメンテナンス事業」

社会復帰サポート美祢株式会社

設立　2005（平成17）年5月17日
資本金　1億300万円
従業員数　2人
代表者　桑原 靖文（代表取締役社長）
所在地　東京都渋谷区神宮前1-5-1
URL　https://www.secom.co.jp/srs-mine/
事業内容　美祢社会復帰促進センター整備・運営事業

セコム美祢セキュリティ株式会社

設立　2006（平成18）年11月22日
資本金　3000万円
従業員数　108人
代表者　桑原 靖文（代表取締役社長）
所在地　山口県美祢市大嶺町東分3340-20
事業内容　①美祢社会復帰促進センター（以下、同センター）の警備業務　②同センターの総務支援業務　③同センターの刑務作業支援業務

社会復帰サポート喜連川株式会社

設立　2007（平成19）年6月5日
資本金　1000万円
従業員数　3人
代表者　桑原 靖文（代表取締役社長）
所在地　東京都渋谷区神宮前1-5-1
URL　https://www.srs-kitsuregawa.co.jp/
事業内容　喜連川社会復帰促進センター等運営事業

セコム喜連川セキュリティ株式会社

設立　2007（平成19）年6月21日
資本金　5000万円
従業員数　112人
代表者　桑原 靖文（代表取締役社長）
所在地　栃木県塩谷郡高根沢町光陽台1-1-2
事業内容　①喜連川社会復帰促進センターおよび黒羽刑務所の警備業務　②喜連川社会復帰促進センターおよび黒羽刑務所の総務支援業務

ホームライフ管理株式会社

設立　2008（平成20）年2月20日
資本金　4000万円
従業員数　975人
代表者　山下 英一（代表取締役社長）
所在地　東京都渋谷区千駄ヶ谷4-19-12
URL　https://www.homelife-kanri.com/
事業内容　①マンション管理事業　②リフォーム事業　③大規模修繕事業　④ビル管理事業　⑤プロパティマネージメント事業　⑥施設管理事業　⑦設備管理事業　⑧清掃管理事業　⑨環境衛生管理事業

メディカル

セコムフォート株式会社

設立　1978（昭和53）年6月1日
資本金　1億円
従業員数　124人
代表者　奥田 真弘（代表取締役社長）
所在地　神奈川県横浜市青葉区あざみ野1-23-6
URL　http://www.secomfort.com
事業内容　介護付有料老人ホームの経営

セコムフォートウエスト株式会社

設立　2005（平成17）年5月23日
資本金　1億円
従業員数　149人
代表者　松村 英之（代表取締役社長）
所在地　兵庫県神戸市灘区篠原北町3-11-14
URL　http://www.secomfortwest.com/
事業内容　介護付有料老人ホームの経営

株式会社プライムステージ

設立　1966（昭和41）年12月26日
資本金　20億円
従業員数　163人
代表者　井村 裕介（代表取締役社長）
所在地　東京都世田谷区成城8-22-1
URL　http://www.sacravia.co.jp
事業内容　①有料老人ホームの経営　②レストラン、喫茶店の運営　③各種カルチャー教室の運営

セコムフォート多摩株式会社

設立　1988（昭和63）年5月23日
資本金　1億円
従業員数　102人
代表者　森光 茂（代表取締役社長）
所在地　東京都町田市下小山田町1461
URL　http//www.royal-tama.co.jp/
事業内容　介護付有料老人ホームの経営

株式会社アライブメディケア

設立　1980（昭和55）年6月3日
資本金　5000万円
従業員数　429人
代表者　関谷 聡（代表取締役社長）
所在地　東京都渋谷区神宮前6-19-20
URL　http://www.alive-carehome.co.jp/
事業内容　介護付有料老人ホームの企画、開発、運営

株式会社マック

設立　1984（昭和59）年3月28日
資本金　9500万円
従業員数　128人
代表者　新出 俊明（代表取締役社長）
所在地　北海道札幌市中央区大通東2-3
URL　http://www.mac-inc.co.jp/
事業内容　①医科用器械、理化学用器械、医事用コンピューターの販売およびアフターサービス　②医療材料、医療消耗品の販売　③医薬品、毒物および劇物、医用ガス、動物用医療機器の販売

セコムメディファーマ株式会社

設立　2012（平成24）年8月10日
資本金　1000万円
従業員数　14人
代表者　小松 淳（代表取締役社長）
所在地　東京都渋谷区神宮前1-5-1
URL　http://medipharma.secom.co.jp
事業内容　①医薬品・医薬部外品・医療材料の卸売（共同購入）　②医薬品購買管理業務に関するコンサルタント

保険

セコム保険サービス株式会社

設立　1983（昭和58）年3月1日
資本金　1億円
従業員数　156人（2017年3月末）
代表者　上山 裕（代表取締役社長）
所在地　東京都新宿区西新宿6-5-1
URL　https//www.secom-hoken.co.jp/
事業内容　①損害保険代理店の業務　②生命保険募集業務

不動産

株式会社荒井商店

設立　1966（昭和41）年10月18日
資本金　30億円
従業員数　48人
代表者　関谷 聡（代表取締役社長）
所在地　東京都渋谷区神宮前6-19-20
URL　http://www.arai-s.co.jp/
事業内容　①賃貸ビル・賃貸マンションの経営　②高齢者向け住宅事業　③不動産ソリューション・仲介　④不動産の企画、開発、販売

その他

セコムクレジット株式会社

設立　1981（昭和56）年9月8日
資本金　4億円
従業員数　12人
代表者　中山 潤三（代表取締役社長）
所在地　東京都新宿区西新宿6-5-1 新宿アイランドタワー 12F
事業内容　①セコム安全商品を対象としたリース業務　②セコムグループ社員向け融資業務（福利厚生）　③セコムグループ会社向け融資業務

株式会社ワンダードリーム

設立　1989（平成元）年12月15日
資本金　1億円
従業員数　20人
代表者　大野 尊明（代表取締役社長）
所在地　東京都渋谷区神宮前1-5-1
事業内容　①人事情報・勤怠情報・社宅管理・給与計算等　②福利厚生業務　③国内・海外旅行業務

日本警備保障株式会社　印刷センター

設立　1973（昭和48）年6月21日
資本金　1億円
従業員数　7人
代表者　御供 和弘（代表取締役社長）
所在地　神奈川県横浜市瀬谷区目黒町7-1 セコムFSセンター
事業内容　①グループ各社で使用する印刷物の受発注業務　②グループ各社の名刺印刷業務

セコムオートサービス株式会社

設立　1982（昭和57）年7月1日
資本金　4500万円
従業員数　18人
代表者　荒木 和弘（代表取締役社長）
所在地　東京都大田区西六郷4-30-3
事業内容　①各種自動車の［以下、（同）］分解整備（一般整備）②（同）車検整備（民間車検場）③（同）車体整備（鈑金・塗装）④（同）販売（新車・中古車）⑤（同）登録手続代行・陸送　⑥（同）特殊架装　⑦損害保険代理店業務

セコムビジネスプラス株式会社

設立　2010（平成22）年9月17日
資本金　2000万円
従業員数　33人
代表者　古川 雅章（代表取締役社長）
所在地　東京都渋谷区神宮前1-5-1
事業内容　セコムグループ企業の事務関係、PC端末運用、データ入力等の業務代行、セコムの特例子会社
①定型作業代行：セコムやセコムグループ各社で行われている定型業務の作業代行　②端末運用業務：PCの組み立て、セットアップ、OSや各種アプリケーションのインストール、イントラネット端末用部材の梱包、運搬、物品の在庫管理など　③データエントリー業務：セコムやセコムグループ各社で行われているデータ入力やスキャニングなどの業務代行　④ヘルプデスク業務：セコムグループのイントラネットシステムに関する質問の受付、遠隔操作による設定変更、トラブル復旧作業

セコムホームサービス株式会社

設立　2009（平成21）年4月1日
資本金　3200万円
従業員数　165名
代表者　山中 善紀（代表取締役社長）
所在地　東京都渋谷区神宮前1-5-1
事業内容　①家事代行サービス　②ハウスクリーニング　③生活支援業務

セコムエンジニアリング株式会社

設立　2004（平成16）年8月3日
資本金　1億円
従業員数　155人
代表者　吉成 進（代表取締役社長）
所在地　福島県郡山市開成4-8-15
URL　http://www.secom-tep.co.jp/
事業内容　空調、給排水衛生、換気、消防、電気などの各種建築設備の新設、増設、改修工事に係る提案、設計、施工ならびに保全

株式会社東光クリエート

設立　1952（昭和27）年3月24日
資本金　5000万円
従業員数　179人
代表者　伴 長門（代表取締役社長）
所在地　新潟県上越市平成町570
URL　http://www.tokocreate.co.jp/
事業内容　①送電線・配電線・通信線・内線・計装、電気工事全般の設計・施工　②空調設備工事の設計・施工　③通信工事の設計・施工

矢野新空調株式会社

設立	1986（昭和61）年4月1日	URL	https://www.yanoshinkucho.co.jp
資本金	8000万円	事業内容	ダイキン工業の一次卸店として、関東圏を中心に空調機器の販売から空調設備の設計、施工、保守点検業務を提供
従業員数	17人		
代表者	北村 誠（代表取締役社長）		
所在地	東京都足立区千住宮元町13-13 千住MKビル9F		

主要海外グループ会社

セキュリティ

アジア・オセアニア	企業名（下段は英語名）	事業内容
中国	セコム（チャイナ） Secom(China) Co., Ltd.	現地法人の経営管理
	大連セコムセキュリティ Dalian Secom Security Co., Ltd.	安全システムの提供
	上海セコムセキュリティ Shanghai Secom Security Co., Ltd.	安全システムの提供
	北京京盾セコムエレクトロニックセキュリティ Beijing Jingdun Secom Electronic Security Co., Ltd.	安全システムの提供
	青島セコムセキュリティ Qingdao Secom Security Co., Ltd.	安全システムの提供
	広東金鵬セコムセキュリティ Guangdong Jinpeng Secom Security Co., Ltd.	安全システムの提供
	福建セコムセキュリティ Fujian Secom Security Co., Ltd.	安全システムの提供
	四川セコムセキュリティ Sichuan Secom Security Co., Ltd.	安全システムの提供
	陝西セコムセキュリティ Shaanxi Secom Security Co., Ltd.	安全システムの提供
	浙江セコムセキュリティ Zhejiang Secom Security Co., Ltd.	安全システムの提供
	遼寧セコムセキュリティ Liaoning Secom Security Co., Ltd.	安全システムの提供
	セコム津盾（天津）セキュリティ Secom jindun (Tianjin) Security Co., Ltd.	安全システムの提供
	江蘇セコムセキュリティ Jiangsu Secom Security Co., Ltd.	安全システムの提供

アジア・オセアニア	企業名（下段は英語名）	事業内容
タイ	タイセコムセキュリティ Thai Secom Security Co., Ltd.	安全システムの提供
マレーシア	セコムマレーシア Secom (Malaysia) Sdn. Bnd.	安全システムの提供
シンガポール	セコムシンガポール Secom (Singapore) Pte. Ltd.	安全システムの提供
	ディガードセキュリティ D' Garde Security Pte.Ltd.	安全システムの提供
インドネシア	セコムインドネシア PT.Secom Indonesia	安全システムの提供
ベトナム	セコムベトナム Secom Vietnam Co., Ltd.	安全システムのコンサルティング
	セコムトレーディング Secom Trading Co., Ltd.	安全機器の販売
	セコムベトナムセキュリティサービス Secom Vietnam Security Service Joint Stock Company	安全システムの提供
ミャンマー	ミャンマーセコム Myanmar Secom Co., Ltd.	安全システムの提供
オーストラリア	セコムオーストラリア Secom Australia Pty. Ltd.	安全システムの提供
	セコムテクニカルサービス・ユニットトラスト Secom Technical Services Unit Trust	安全システムの提供
ニュージーランド	セコムガードオール NZ Secom Guardall NZ Ltd.	安全システムの提供

防災

アジア・欧州	企業名（下段は英語名）	事業内容
中国	上海能美セコムファイアプロテクションエクイプメント Shanghai Nohmi Secom Fire Protection Equipment Co., Ltd.	防災機器・設備の製造、販売
	日探消防設備(中山)有限公司 Nittan Fire Protection System (Zhongshan)Co., Ltd.	防災機器の製造
台湾	台湾能美防災 Nohmi Taiwan Ltd.	防災機器・設備の製造、販売
ベトナム	ニッタンアセアン NITTAN ASEAN Co., Ltd.	防災機器の製造、販売
英国	ニッタンヨーロッパ NITTAN EUROPE Ltd.	防災機器の販売
スウェーデン	CNシステムAB CN Scandinavia AB	防災機器の製造、販売

メディカル

アジア	企業名（下段は英語名）	事業内容
シンガポール	セコムメディカルシステム(シンガポール) Secom Medical System (Singapore) Pte.Ltd.	海外医療法人の経営管理
インド	タクシャシーラホスピタルズオペレーティング Takshasila Hospitals Operating Pvt.Ltd.	病院経営
	タクシャシーラヘルスケアアンドリサーチサービス Takshasila Healthcare and Research Service Pvt.Ltd.	病院不動産の管理

地理情報サービス

アジア・欧州・米州	企業名（下段は英語名）	事業内容
中国	パスコ・チャイナ Pasco China Corp.	地理情報サービスの提供
	蘇州スーパーディメンジョンアースサイエンスリサーチアンドデベロップメント Suzhou Super Dimension Earth Science Research and Development Co., Ltd.	地理情報サービスの提供
タイ	パスコ(タイ) Pasco (Thailand) Co., Ltd.	地理情報サービスの提供
インドネシア	ヌサンタラセコムインフォテック PT.Nusantara Secom InfoTech	地理情報サービスの提供、ソフトウエアの開発・販売
ベトナム	パスコジオスペイシャルベトナム Pasco Geo-Spatial Vietnam Co., Ltd.	地理情報サービスの提供
フィリピン	パスコフィリピン Pasco Philippines Corp.	地理情報サービスの提供
ラオス	パスコラオソール Pasco Lao Sole Co., Ltd.	地理情報サービスの提供
ベルギー	エアロデータインターナショナルサーベイズ Aerodata International Surveys BVBA	地理情報サービスの提供
フィンランド	エフエムインターナショナル FM-International Oy	地理情報サービスの提供
アメリカ	パスコノースアメリカ Pasco North America Inc.	地理情報サービスの提供
	キーストーンエアリアルサーベイズ Keystone Aerial Surveys Inc.	地理情報サービスの提供
ブラジル	バーゼS.A. BASE AEROFOTOGRAMETRIA E PROJETOS S.A.	地理情報サービスの提供

c h a p t e r 9

第9章

使える企業情報源

セコムグループを知る上で役に立つ事業セグメント情報、2030年ビジョン、年表といった基本データを掲載した。

セコムグループ事業セグメント

セキュリティ

企業向け・家庭向けオンライン・セキュリティシステム、位置情報提供システム、常駐警備サービス、現金護送サービス、また安全商品の監視カメラ、指静脈認証システムなども手掛け、日本初の警備保障会社として常に業界をリード。

防　災

グループ企業で防災業界最大手の能美防災、ニッタンと連携しセキュリティと防災を融合。研究・開発から企画、製造、設計、施工、メンテナンスまでの独自の一貫体制で、顧客ニーズに合った最適な防災システムを提供する。

メディカル

民間でわが国初の訪問看護と薬剤提供を組み合わせた「在宅医療サービス」、訪問介護サービス、シニアレジデンスなどの「介護・福祉」、遠隔画像診断支援サービスなどの「ネットワーク医療」、「健康・予防」までトータルに展開。

保　険

リスクを防ぐセキュリティシステムと、被害時の損失を補償する損害保険を組み合わせた「火災保険セキュリティ割引」や「セコム安心マイホーム保険」、がん保険の「自由診療保険メディコム」など、ユニークな商品を揃える。

地理情報サービス

航空測量とGIS（地理情報システム）で最大手のパスコによる空間情報を基軸にした地理情報サービスを展開。最高水準の解像度を持つドイツ商用衛星「TerraSAR-X」をはじめ32基の人工衛星の撮影データを活用中。

情報通信

都市型CATVに始まり、VAN(付加価値通信網)やコンピュータセキュリティに事業が発展。国内最大級のデータセンターを擁し、情報セキュリティと大規模災害対策をコアとしたトータル情報サービスを展開している。

不動産・その他

防災、メディカル、保険などセコムグループの総力を結集したセキュリティマンション「グローリオ」シリーズを展開。また、東京都・久我山では高齢者の困りごとを解決する「セコム・マイホームコンシェルジュ」に取り組む。

国　際

セキュリティでは1978年の台湾進出を皮切りに、すべてがセコムブランドで日本と同じ一貫体制により海外12の国と地域で「安全・安心」を提供。防災、地理情報サービス、メディカルも海外展開を加速している。

2030 VISION

SECOM GROUP

はじめに ～ビジョン策定の目的～

セコムは2017年で創業55周年を迎えました。
社会システム産業の構築を目指し邁進するなかで、
外部環境が大きく変化し、不確実性の増す今日において、
2030年を一つのターゲットとして、
これからのセコムグループの方向性をより明確にすることで、
これまで以上に **社員に「誇り」を、**
お客様に「信頼感」を、
そしてすべてのステークホルダーにセコムの「将来性」を
感じてほしいという思いを込め、2030年ビジョンを策定しました。

1. セコムの歩み HISTORY

これまでセコムは、「あらゆる不安のない社会の実現」を使命とし、「社会にとってよりよいサービスを創り上げたい」という強い想いを持って、創業より社会に信頼される確かな安心を提供してきました。1962年に日本初の警備会社として創業し、1982年に健康や情報通信などさらに広範な安全・安心を提供する「安全産業」を宣言、1989年に安全・安心・快適・便利な社会を支えるサービスシステムを展開する「社会システム産業」を宣言しました。

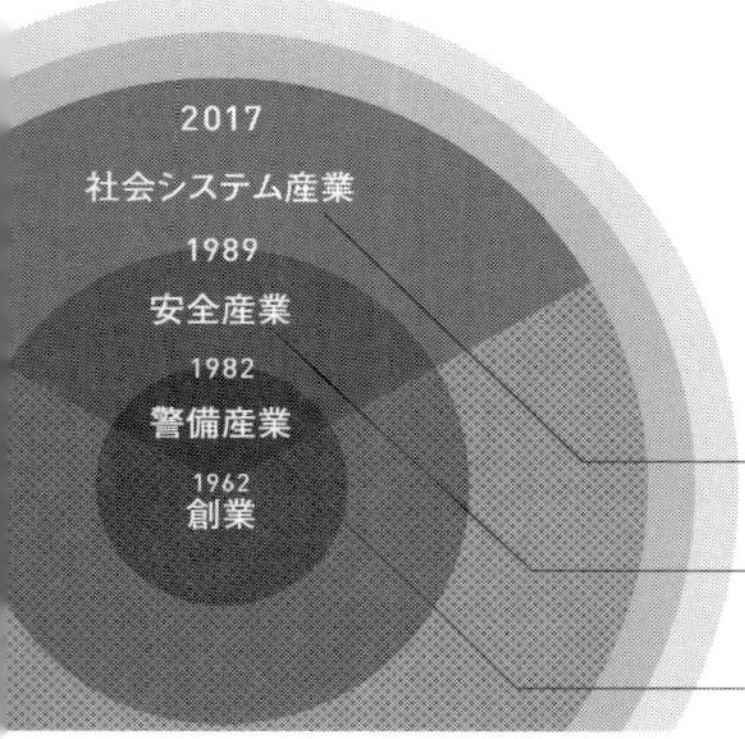

2. セコムの強み STRENGTH

1962年の創業以来、歴史のなかで築いてきた、「人財」「組織」「技術」「実績」「知見」がセコムの強みの核となっています。

人財 社員一人ひとりが、「社業を通じて社会に貢献する」「正しさの追求」「現状打破の精神」というぶれない軸となる経営理念を共有。

組織 「ALL SECOM」の名のもとにサービスイノベーションを生み出す複数事業分野が結合。

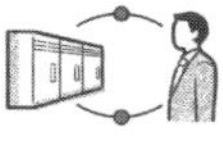

技術 国内発進拠点・約2800カ所、セキュリティセンサー設置数・約6000万個による人とテクノロジーが融合したビジネスモデル。

実績 セキュリティ契約件数・300万件以上、安否確認サービス利用者・570万人以上におよぶ社会とのつながりと信頼の実績。

知見 超高齢社会、災害における課題先進国日本で培ったノウハウ。

3. 社会の大きな変化　MEGA TRENDS

「人口動態の変化」「テクノロジーの進化」「経済の重心移動・都市化(アジアの成長)」「環境問題の深刻化」などのメガトレンドがあります。
また「事件・事故」「サイバー犯罪」「病気・老化」「自然災害」といったリスクが、社会課題として複雑化、複合化するなかで、安全・安心はますます“Mission-Critical(必要不可欠)”なものとなり、一人ひとりの安心を求めるニーズは一段と高まり、さらなる多様化が見込まれます。
この多様化するニーズに対応する社会インフラが必要と考えています。

4. 2030ビジョン　VISION

セコムが2030年に向けて掲げるビジョン

「あんしんプラットフォーム」構想の実現により、

変わりゆく社会に、変わらぬ安心を。

SECOM
あんしん
プラットフォーム
ANSHIN PLATFORM

5.「あんしんプラットフォーム」とは　CONCEPTION

セコムが培ってきた社会とのつながりをベースに、セコムと想いを共にする産・官・学などのパートナーが参加して、セコムとともに暮らしや社会に安心を提供する社会インフラが「あんしんプラットフォーム」です。

6.「あんしんプラットフォーム」構想とは　CONCEPTION

セコムは、「あんしんプラットフォーム」を通して一人ひとりの不安やお困りごとに対して、きめ細やかな切れ目のない安心を提供することで、お客様の多様化する安心ニーズに応えてまいります。

そして、「あんしんプラットフォーム」は、社会・お客様とつながり続けることにより成長し、つながり自体も強固になっていきます。

7.「あんしんプラットフォーム」の特徴 FEATURE

1. 時間や空間にとらわれないサービスの提供

家の中、自動車の運転中、屋外、旅行中を問わず、「いつでも、どこでも、あんしん」を提供します。

2. 一人ひとりのお客様に寄り添った最適なサービスの提供

老若男女、家族でも単身者でも「誰にとっても、あんしん」を実現します。

3. 安心にフォーカスした切れ目のないサービスの提供

生活のなかには、「事件・事故」「サイバー犯罪」「自然災害」「病気・老化」などさまざまなリスクがあります。セコムのあんしんフローは、平時には「事前の備え」、有事には「事態の把握」「被害の最小化」、そして「事後の復旧」により普段の生活に導きます。平時から有事、そして再び平時へと「切れ目なく、ずっと、あんしん」を提供します。

8.「あんしんプラットフォーム」によるサービス提供イメージ　SERVICE

イメージするサービスとしては、「犯罪発生予測」「セキュアなビジネスサポート」「災害予測・対策サービス」「AI医療・診断支援サービス」「広範な監視による死角のないセキュリティ」「利便性と共存するサイバーセキュリティ」「無人による社会インフラ点検」「バーチャルかかりつけ医」「ロボティクス」「一人ひとりに寄り添った生活総合支援」「広域災害時の避難サポート」「ライフコンシェルジュ」があります。

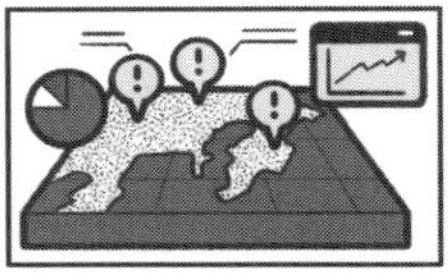

犯罪発生予測

セキュアなビジネスサポート

災害予測・対策サービス

AI医療・診断支援サービス

広範な監視による
死角のないセキュリティ

利便性と共存する
サイバーセキュリティ

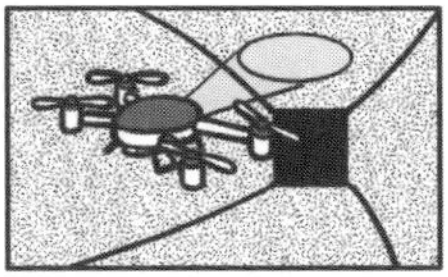

無人による
社会インフラ点検

バーチャル
かかりつけ医

ロボティクス

一人ひとりに寄り添った
生活総合支援

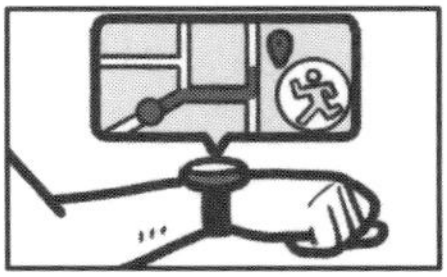

広域災害時の避難サポート

ライフコンシェルジュ

9.「あんしんプラットフォーム」構想実現のための戦略　STRATEGY

「社会・お客様とのつながり強化のための戦略」

コネクテッド

最新情報技術を活用した、ビッグデータ分析によりお客様の潜在ニーズに応え、つながりを増やしていく。

価値拡大

日常のお困りごとに対するニーズに対しても、安心を提供するサービスのさらなる付加価値として、快適・便利なサービスを提供していく。

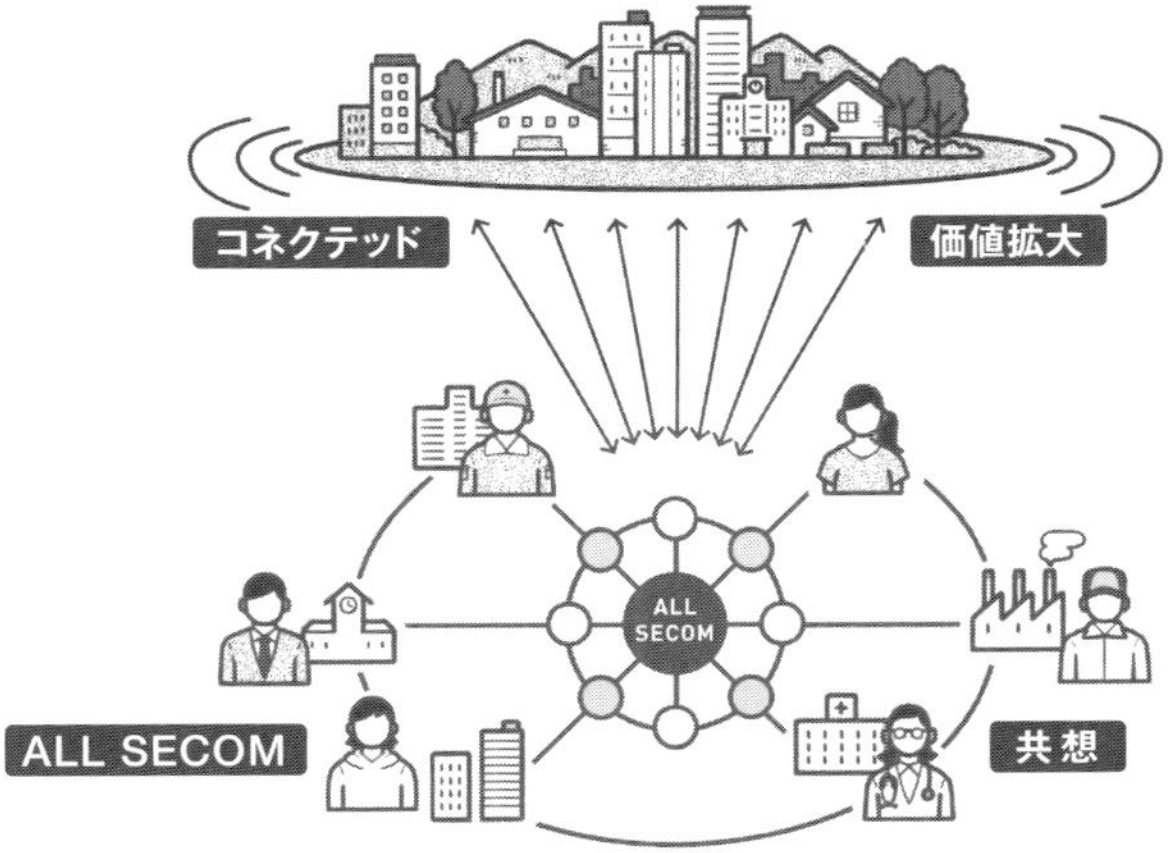

「あんしんプラットフォーム構築のための戦略」

ALL SECOM

セコムグループの総力を結集。

共想

セコムと想いを共にするパートナーも参画
(社会との対話+オープンイノベーション)。

10. 戦略推進に向けた原動力　POWER OF US

人財

- 社員満足を原点とする全員経営
- 多様性の推進
- イノベーション人材、グローバル人材の育成

組織

- 経営理念の共有による組織の一体化
- 自己変革力を高めるオープンな組織運営
- 最先端ICTを活用した生産性と質の向上

技術

- 人の力を増幅するための技術の創出
- 途切れないサービスを提供するための技術の創出
- 安心感を伝えるための技術の創出

---

11. グローバル展開　FOR GLOBAL

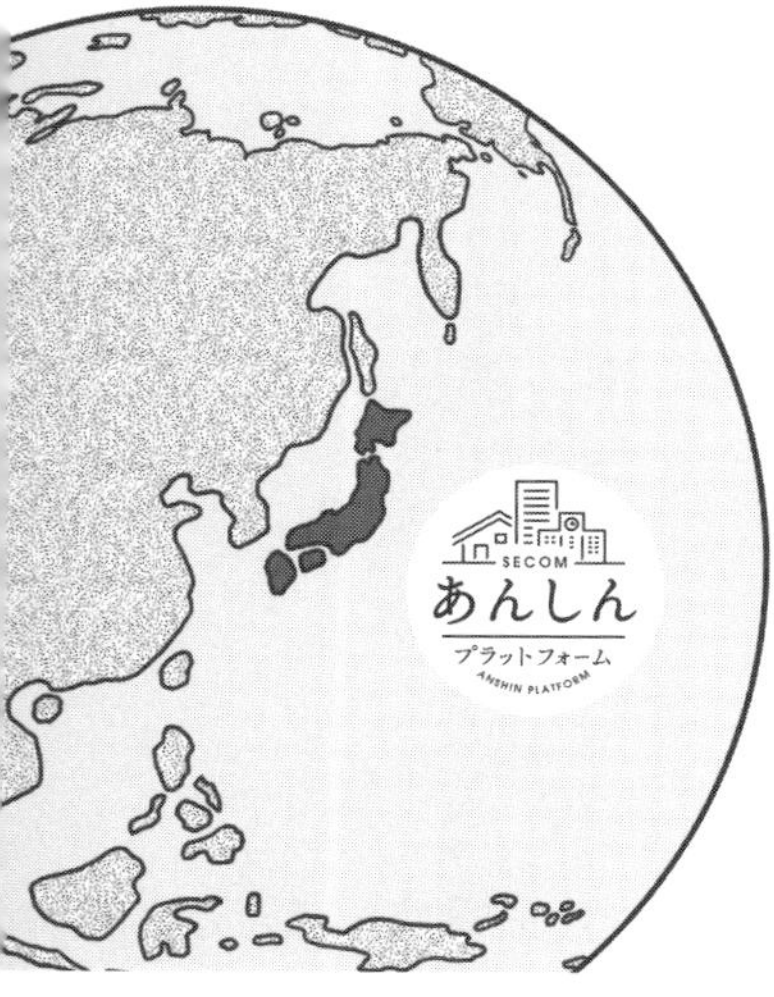

海外でも高まる安心ニーズに対して、

課題先進国日本で培ったノウハウを生かし、

地域ごとに応じたサービスを展開。

「**ANSHIN**」を世界の共通語に。

STEP1

アジアをはじめとする新興国において、

「**SECOMブランド**」を一層浸透。

STEP2

海外でも

「**ANSHINプラットフォーム**」を展開。

12. 成長イメージ　GROWTH FORECAST

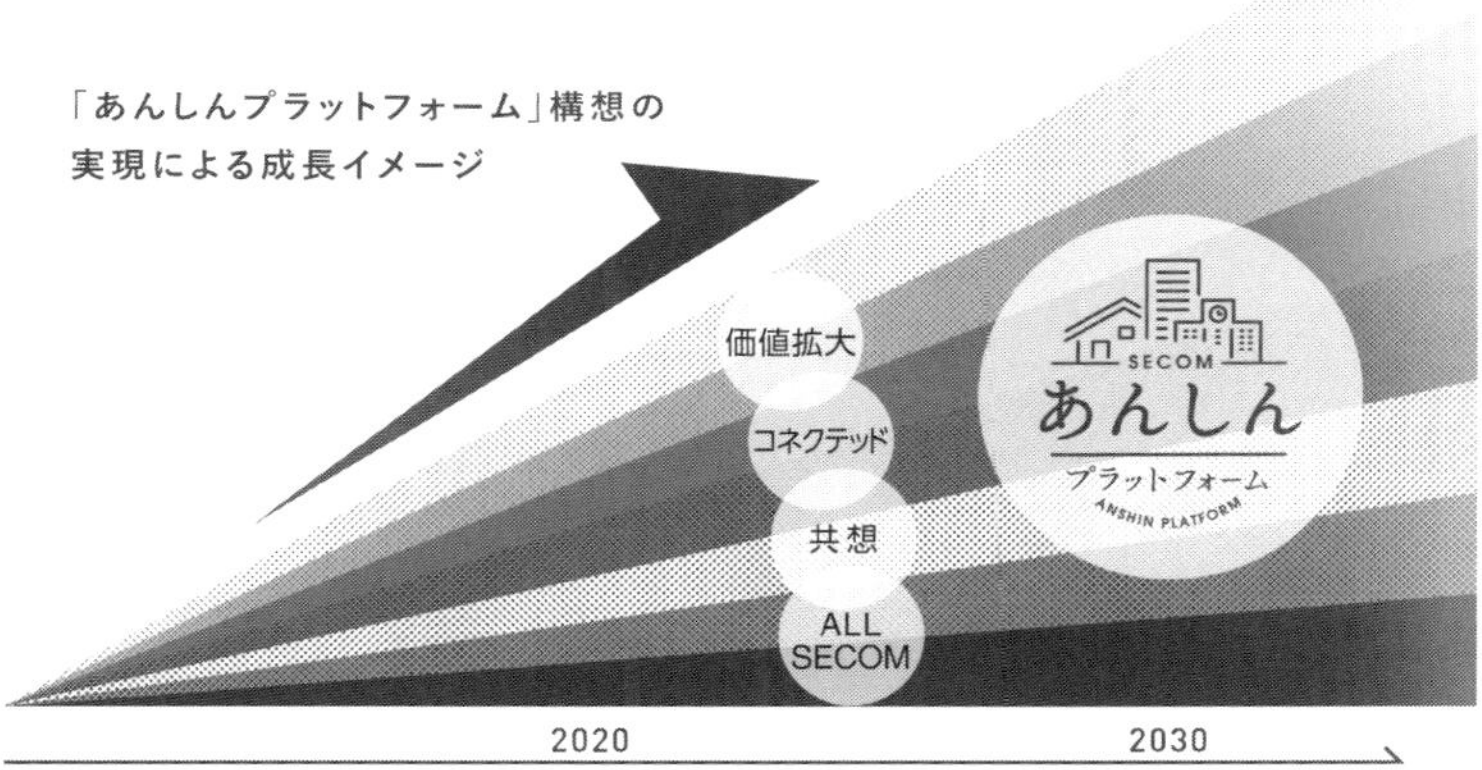

2030年を一つの通過点として、**セコムは社会とともに持続的に成長していきます。**

おわりに

社会が変わりゆくなかで、それらを捉えて、あるいは先んじて、
変わらぬ安心をセコムは提供し続けます。
そのために、セコムはこれからも変わり続けていきます。
社会とのつながりを強め、さまざまな社会課題を解決することで、
社会とともに成長を続けてまいります。

「あんしんプラットフォーム」構想の実現により、
「変わりゆく社会に、変わらぬ安心を。変わり続けるセコム」

セコムグループの歩み

一九六二年　創業者の飯田亮氏と戸田壽一氏、日本初の警備会社「日本警備保障株式会社」創業

一九六四年　東京オリンピックで代々木の選手村、競技施設の警備を担当

一九六五年　セコムがモデルのTBS系テレビドラマ『ザ・ガードマン』放映

一九六六年　日本初のオンライン・セキュリティシステム「SPアラーム」サービス開始

一九六七年　銀行に初の現金護送サービス開始

各国で代表一社が参加する国際警備連盟加盟

一九六九年　SPアラームが一〇八号連続射殺事件の犯人逮捕のきっかけに

一九七〇年　日本万国博覧会（大阪万博）を警備

東京・晴海に中央管制センター開設、全国一八カ所に管制センター新増設

一九七二年　札幌オリンピックの会場周辺警備

一九七三年　新ブランド「セコム（SECOM）」制定

米国ハンティントン・ナショナル銀行と無人銀行システムによる安全システムで提携

一九七四年　日本初のCD（現金自動支払機）安全管理システム「CDセキュリティパック」発売

東京証券取引所市場第二部上場

消火システム「セコムFa2」（トマホークⅢの先駆け）発売

初の自社専用の研修所「セコムHDセンター」開設

一九七五年　世界初のCSS（コンピュータ・セキュリティ・システム）によるセキュリティシステム確立

一九七七年　東京電力、関西電力、中部電力との合弁で日本原子力防護システム設立

一九七八年　台湾の中興保全股份有限公司と業務提携、海外進出本格化

東京証券取引所市場第一部に昇格

セコムSDセンター竣工

一九七九年　大型施設向けトータル安全管理システ

ム「トータックス（Ⅰ、Ⅱ、ＥＣ）」シリーズ発売
財団法人セコム科学技術振興財団設立
セコムＥＤセンター（現セコム開発センター）開設

一九八〇年　金融機関のＡＴＭ運用・管理を行う「ハンクスシステム」発売

一九八一年　日本初の家庭向け安全システム「マイアラーム（現セコム・ホームセキュリティ）」発売
米社全株式取得、本格的に米国に進出（後に売却）
韓国のサムスングループと合弁で韓国安全システム（現エスワン）設立
セコムＴＥセンター開設

一九八二年　「安全産業」元年を宣言、創立２０周年
セコムＨＤセンター御殿場竣工
米国ウェステックセキュリティ社買収
日本初の救急通報システム「マイドクター」発売

一九八三年　都市型のＣＡＴＶ会社・宮城ネットワーク設立（二〇〇六年売却）
「セコム株式会社」に社名変更、社名とブランドを一体化
共通の理念「セコムの要諦」を新たに制定

一九八四年　第二電電企画株式会社（現ＫＤＤＩ）設立に参画

一九八五年　ＶＡＮ（付加価値通信網）事業のセコムネット設立（その後、二〇〇六年五月設立のセコムトラストシステムズに統合）
ＮＴＴと合弁で日本コンピュータセキュリティ設立

一九八六年　セコムＴＥセンター竣工
大阪証券取引所市場第一部上場
セコムＩＳ研究所設立
自治体向け「高齢者向け緊急通報システム」開始

一九八七年　米国事業を統轄する持株会社セコメリ

カ社設立
マンション用安全システム「セコムMS-1」発売
タイにタイセコムピタキイ社（現タイセコムセキュリティ社）設立

一九八八年　日本初の指紋照合出入管理システム「セサモID」発売
米国の持株会社セコメリカ社が病院経営会社HCA社の救急医療部門買収、米国最大の救急医療会社の運営開始（一九九四年売却）
セコムFSセンター竣工
日本初のホームセキュリティ専門ショップを東京・自由が丘にオープン
コントロールセンターが各都道府県一カ所、四七カ所体制へ

一九八九年　「社会システム産業」元年を宣言
セコメリカ社が在宅医療会社の米国HMSS社買収（一九九四年売却）

一九九〇年　イメージキャラクター・長嶋茂雄氏CM出演開始
セコムHDセンター名張竣工
セコムHDセンター阿蘇竣工

一九九一年　セコム情報システム設立（後にセコムトラストシステムズに統合）
セコムマレーシア設立
英国セキュリティ会社、キャロルセキュリティグループ買収
「セコムファーマシー」（調剤薬局）開設、訪問看護サービス提供と併せ、日本初の本格的な在宅医療サービス開始

一九九二年　セコムシンガポール設立
飯田亮氏が基本理念「セコムの事業と運営の憲法」を執筆、発表
社会福祉法人康和会・久我山病院運営に参画
セコムオーストラリア設立
北京市に西科姆中国有限公司設立
（一九九三年日本企業初の持株会社認可を取得）

一九九三年　中国でセコム初のセキュリティ会社・大連西科姆電子安全有限公司設立
一九九四年　日本初の遠隔画像診断支援サービス「ホスピネット」開始
インドネシア・セコムインドプラタマ（現セコムインドネシア）設立
一九九五年　次世代コンピュータネットワーク「SP21」完成
英国アンバサダーセキュリティグループ買収
一九九六年　英国二社合併し、セコムPLC設立
セコムSCセンター竣工
森ビルとプライムステージ設立、東京都世田谷区のシニアレジデンス「サクラビア成城」運営開始
一九九八年　長野オリンピックでセコム上信越が警備
日本初のオンライン画像監視セキュリティシステム「セコムAX」発売
東洋火災海上保険に資本参加し、保険事業進出（後にセコム損害保険）
一九九九年　双方向遠隔画像監視システム「セコムIX」発売
世界初の不正行為を検出する監視カメラ「スーパーCCTV」発売
地理情報サービスと航空測量のトップ企業・パスコに資本参加
セコム在宅医療システム（現セコム医療システム）がグループ初の「セコム新宿訪問看護ステーション」開設
二〇〇〇年　菱名ロイヤルライフ（現セコムフォート多摩）に資本参加、東京都町田市のシニアレジデンス「ロイヤルライフ多摩」運営開始
グループ会社合併でセコムホームライフ誕生、不動産事業開始
セコムトラストネット（現セコムトラストシステムズ）がセキュアデータセンター開設
二〇〇一年　本社移転（東京・神宮前）

位置情報提供サービス「ココセコム」発売

セコム損害保険が日本初の自由診療がん保険「メディコム」発売

二〇〇二年　大型施設向けトータルセキュリティシステム「トータックスZETA」発売

セコム上信越が東京証券取引所市場第二部上場

グループの医療会社等を統合し、セコム医療システム設立

日本初の食事支援ロボット「マイスプーン」発売

二〇〇三年　日本初のセンサー一体型防犯合わせガラス「SECOMあんしんガラス」発売

多機能型マンション安全管理システム「セコムMS-3」発売

安全・医療が一体化した「セコム・メディカルクラブ」開始

日本初の顔検知機能内蔵「セキュリフェースインターホン」発売

二〇〇四年　AED（自動体外式除細動器）「セコムAEDパッケージサービス」発売

セコム情報システムが「セコム安否確認サービス」開始

二〇〇五年　生活支援サービス「セコム・ホームサービス」提供開始

日本初の屋外巡回監視ロボット「セコムロボットX」発売

二〇〇六年　情報系二社合併し、セコムトラストシステムズ設立

セコムベトナム設立

グループのノウハウを結集、シニアレジデンス「コンフォートガーデンあざみ野」開設

防災業界最大手の能美防災を連結子会社化

二〇〇七年　日本初のPFI刑務所「美祢社会復帰促進センター」（山口県美祢市）完成、業務開始

二〇〇八年　環境推進本部設置
二〇〇九年　神戸に総合病院一体化のシニアレジデンス「コンフォートヒルズ六甲」開設
二〇一〇年　セコムトラストシステムズが「セキュアデータセンター」新館開設
通報ボタンを使わず、強盗を自動検出する日本初の「インテリジェント非常通報システム」発売
グループ総力を結集する「ＡＬＬ ＳＥＣＯＭ」を宣言
二〇一一年　ニュージーランドのセキュリティ会社買収、セコムガードオールＮＺスタート
英国四大銀行のＲＢＳ銀行の約二〇〇〇支店の警備受注
ＢＣＰ（事業継続計画）総合支援の「危機管理支援トータルサービス」開始
日本初、個人情報預かりの「セコム・ホームセキュリティ Ｇ-カスタム」発売
二〇一二年　国内防災業界三位・ニッタンを連結子会社化
創立五〇周年ＡＬＬ ＳＥＣＯＭ「セコムフェア２０１２」開催
データセンター事業会社・アット東京を連結子会社化
二〇一三年　高齢者救急時対応サービス「セコム・マイドクタープラス」発売
セコムトラストシステムズが警視庁とサイバー犯罪共同対処協定締結
ＡＬＬ ＳＥＣＯＭショールーム「ＭＩＲＡＩ」開設
ビッグデータ解析を活用した次世代防災サービス「リアルタイム災害情報サービス」提供開始
ミャンマーセコム設立
セコムトラストシステムズがネットバンキングの不正送金被害を防ぐ「セコム・プレミアムネット」提供開始
二〇一四年　創業者・戸田壽一氏逝去（八一歳）
日本企業が経営するインド初の病院

「サクラ・ワールド・ホスピタル」開院
海外赴任準備サポートの「セコム海外赴任者パッケージ」提供開始
家庭向けセキュリティ契約が一〇〇万軒突破
立体顔画像を使う顔認証システム「ウォークスルー顔認証システム」発売

二〇一五年　高齢者の暮らしの相談窓口「セコム暮らしのパートナー久我山」開設
マイナンバー預かりの「セコムあんしんマイナンバーサービス」発売
小荷物専用昇降機国内シェア首位・クマリフトを連結子会社化
東京２０２０オリンピック・パラリンピック、オフィシャルパートナーに決定
集配金サービスの業界トップ・アサヒセキュリティを連結子会社化
世界初、民間防犯用ドローン「セコムドローン」サービス提供開始

二〇一六年　世界初、民間防犯用飛行船「セコム飛行船」運用サービス開始
渋谷区とセコムが地域社会の防災対策などで協定締結
ウェアラブルカメラを羽田空港国際線旅客ターミナル警備に本格導入
セコムグループの国内外の契約件数が三〇〇〇万件突破

二〇一七年　セキュリティリストバンドによる参加資格認証を東京マラソンに導入
大規模イベントなどを立体的に見守る「立体セキュリティ」本格展開
「セコムグループ２０３０年ビジョン」発表
２０３０年ビジョン具現化の第一弾「セコム・ホームセキュリティＮＥＯ」発売
日本初、リストバンド型健康管理・救急対応サービス「セコム・マイドクターウォッチ」発売

参考文献

『完全なる経営』(アブラハム・マズロー著、金井壽宏監訳、大川修二訳、日本経済新聞出版社)
『戦略サファリ 第2版 -戦略マネジメント・コンプリート・ガイドブック』(ヘンリー・ミンツバーグ、ブルース・アルストランド、ジョセフ・ランペル著、齋藤嘉則監訳、東洋経済新報社)
『ブランド―価値の創造』(石井淳蔵、岩波書店)
『経済を見る眼』(伊丹敬之、東洋経済新報社)
『日本のビジネスシステム―その原理と革新』(加護野忠男、山田幸三編、有斐閣)
『[新訂] 競争の戦略』(マイケル・ポーター著、土岐坤・中辻萬治・服部照夫訳、ダイヤモンド社)
『戦略不全の論理―慢性的な低収益の病からどう抜け出すか』(三品和広、東洋経済新報社)
『CSV経営戦略―本業での高収益と、社会の課題を同時に解決する』(名和高司、東洋経済新報社)
『知識創造企業』(野中郁次郎、竹内弘高、東洋経済新報社)
『ゼロからの経営戦略』(沼上幹、ミネルヴァ書房)
『セコム その経営の真髄』(長田貴仁、ダイヤモンド社)
『エフェクチュエーション』(サラス・サラスバシー著、加護野忠男監訳、高瀬進・吉田満梨訳、碩学舎・中央経済社)
『大学4年間の経営学が10時間でざっと学べる』(高橋伸夫、KADOKAWA)
『できる上司は「あと5分」の考え方が違う!―その先の壁を突き破るための仕事術』(飯田亮著、宮本惇夫構成、青春出版社)
『むずかしく考えるな 楽しくやれ―セコム飯田亮の直球直言』(飯田亮著、宮本惇夫構成、日本実業出版社)
『天性の創造的破壊者 飯田亮語録』(ソニー・マガジンズビジネスブック編集部編、ソニーマガジンズ)
セコムおよびグループ各社IR資料、刊行物、ニュースリリース・発表資料およびホームページ、綜合警備保障IR資料、新聞各紙、雑誌各誌ほか

【な】

【は】

【ま】

【や】

【ら】

【た】

【さ】

索　引

索引

著者プロフィール
長田貴仁（おさだ・たかひと）
岡山商科大学教授（経営学部長）。神戸大学経済経営研究所リサーチフェロー。神戸大学博士（経営学）。早稲田大学修士（学術）。同志社大学卒。ビジネス誌の編集者、神戸大学大学院経営学研究科準教授他を経て現職。経営学とビジネス・ジャーナリズムの両視座から経営問題を分析、論評。『セコム　その経営の真髄－「艶っぽい会社」の経営哲学と戦略に迫る』（ダイヤモンド社）他著書多数。多くの著名経営者と対話してきたが、飯田亮・セコム創業者（最高顧問）には何度もインタビューしている。
[本書執筆：第1章、第3章、第4章、第5章、第6章]

宮本惇夫（みやもと・あつお）
ジャーナリスト。1943年茨城県高萩市出身。1967年早稲田大学第二政経学部卒業。雑誌『財界』、総合誌を経て独立。企業ドキュメントや人物論、人物評伝等を週刊エコノミスト、夕刊フジ等に記事執筆。著書・構成に『むずかしく考えるな 楽しくやれ―セコム飯田亮の直球直言』（日本実業出版社）、『できる上司は「あと5分」の考え方が違う!―その先の壁を突き破るための仕事術』（青春出版社）、『安岡正篤と伊藤肇―師と弟子』（致知出版社）等多数。
[本書執筆：第2章]

久野康成（くの・やすなり）
久野康成公認会計士事務所所長、株式会社東京コンサルティングファーム代表取締役会長。東京税理士法人統括代表社員。公認会計士・税理士。1965年愛知県生まれ。滋賀大学経済学部卒業。1990年青山監査法人（プライスウォーターハウス）入所。1998年久野康成公認会計士事務所を設立。営業コンサルティング、IPOコンサルティングを主に行う。『海外直接投資の実務シリーズ』（TCG出版）等著書多数。
[本書執筆：第7章]

リーディング・カンパニー シリーズ **セコム**

2017年9月19日　初版第1刷発行
著　者　長田貴仁　宮本惇夫　久野康成
発行所　株式会社出版文化社
〈東京本部〉
〒101-0051 東京都千代田区神田神保町2-20-2 ワカヤギビル2階
TEL：03-3264-8811（代）　FAX：03-3264-8832
〈大阪本部〉
〒541-0056 大阪府大阪市中央区久太郎町3-4-30 船場グランドビル8階
TEL：06-4704-4700（代）　FAX：06-4704-4707
〈受注センター〉
TEL：03-3264-8825　FAX：03-3239-2565
E-mail：book@shuppanbunka.com
発行人　浅田厚志
印刷・製本　株式会社シナノパブリッシングプレス

出版文化社の会社概要および出版目録はウェブサイトで公開しております。
また書籍の注文も承っております。→ http://www.shuppanbunka.com/
郵便振替番号　00150-7-353651

Directed by Shinichiro Seki
落丁・乱丁はお取替えいたします。受注センターへご連絡ください。

定価はカバーに表示してあります。
ISBN978-4-88338-626-0　C0034